中国风俗志

中山卷

邓振铃 绘
刘居上 著

为民族风俗的传续留念
为中华文化的复兴存根

刘晓峰
李北山 总主编

泰山出版社·济南·

出版说明

随着当代中国工业化和城市化进程的加快，人们的生活方式快速变迁，乡风民俗正迅速发生变异甚至消亡。对各地的乡风民俗的抢救性记录，成为当务之急。

乡风民俗作为人们生产生活过程中所形成的一种文化现象，因其非物质性，甚至非口头性，只能以文本、影像等形式加以记录保存，但都有其局限性。因此，泰山出版社另辟蹊径，以"图绘+文献"的形式整理、记录、保存中国各地的乡风民俗。

在中国，风俗画有着悠久的历史，是劳动人民热爱生活、记录生活而进行的艺术上的创造。从石器时代的岩画到汉代的画像砖，都以图绘的形式记录了人们的日常生活。到唐宋时期，风俗画的制作已蔚然成风，如北宋张择端的《清明上河图》、南宋李嵩的《货郎图》，不仅形象生动地展示了当时的风俗人情、衣冠服制等，还让画作本身成为艺术珍品。当代风俗画在传统风俗画的基础上，将中国画艺术和民俗主题进一步融合，其作品形式直观、鲜活，充满了艺术的魅力和民间的气息，以特有的艺术形式为我们呈现了正在加速消亡的乡风民俗。

泰山出版社历时四年推出《中国风俗图志》系列丛书，以图绘形式尽可能系统地整理、记录、保存中国各地的风俗，与文字记录、研究形成互补和互释，以"左图右史"的形式加以呈现。二者相辅相成，不仅描述"民俗是什么"，更探究"民俗为什么"；既希望让读者能够记住乡愁，也力图为中国的民俗学研究提供另一种文本。此次推出的《中国风俗图志》系列第一辑共11卷，分别为："北京卷""武汉卷""关中卷""杭州卷""苏州卷""常州卷""石家庄卷""吉林卷""中山卷""川西卷"及"鲁西南卷"。本卷为"中山卷"，由邓振铃先生绘图并撰写图注文章，刘居上教授撰稿。

为民族风俗的传续留念！为中华文化的复兴存根！这就是《中国风俗图志》这套大型丛书的目的。

总序

　　风俗和图画,是我们每个人从小就熟悉的两件事物。

　　以风俗说,人以群居,则事有相沿,浸浸自然成俗。习俗积久,其数必夥,自有聪明之士,兰心蕙目,笔墨志之。是故汉有风俗之书,梁有荆楚之记。以图画说,巧拙不论,凡人从小到大,皆有笔画彩涂的经历。而人最喜欢摹画者,当然是身边诸物,是自己觉得最有意思的生活细节。所以风俗入画,在中国早见于岩画、画像石与壁画之中。今天博物馆留存的中国历代画作,如《清明上河图》这样专以风俗为题材的亦多有。进一步说到文字与图的结合,同样历史久远。流传至今的《山海经》,就是为已经遗失的《山海图》写下的注释文字。而以图插于书中,则更为中西书肆业者共同热心做的事情。因为图文有相互参映之效,所以鲁迅称赞之"不但有趣,且亦有益"。但举目书林,像本套书这样大规模将图画与笔墨并举而为地方风俗图志者,可谓前所未有。《中国风俗图志》将艺术之美与文字之美紧密地结合在一起,擎优美文字介绍一地之风俗,嵌艺术彩墨展示一方之风化,诚可谓具有极高艺术价值,展示深湛审美意蕴,足以令人耳目一新。

总序

风俗就是我们的生活。每一个人从出生那一天起，就身处于某一地风俗之中，并不知不觉被此地风俗浸染，美之乐之。但是，我们所在的，是一个充满变化的世界。改革开放四十多年，中国的变化天翻地覆。一方面，是城市的巨变。北京，如大饼般一环一环摊开，成为拥有七环的巨大首都；深圳，由南方一个小小渔村变身成千万人生活的现代化城市；在我们注意不到的地方，都市在扩展，以亿万计的人口在涌进城市。另一方面，是农村的巨变。在我们不知不觉间，已经有很多个拥有几百年历史的村庄从这个世界消失。而依旧存在的村庄，也都已经不是旧日的面貌。

1924年，有一位名叫青木正儿的日本学者来到中国。时当中华民国成立刚十几年，社会上新文化运动狂飙突进，正是传统中国社会风俗日渐磨灭的年代。这位研究中国古代戏曲小说的学者走遍中国大江南北，像中国老百姓一样赶早市、逛戏园、进茶馆，漫步北京大小胡同，他发现中国依旧保留有许多古老的风俗。有感于中国社会变化之迅速，他列纲目，选对象，请画师，想为后世留下一部《中国风俗志》，可惜后来由于财力不足，只请中国画师刘延年画下了一百余幅描绘北京风俗的彩图。后有内田道夫教授博采众书，为这些图做了解说，这就是日本平凡社出版的《北京民俗图谱》。二十世纪六十年代老舍睹图，惊叹书中所画许多风俗已不可见。今天的中国，依然行驶在一条迅疾发展的高速路上，城市的扩张、生活空间的巨变，使许多旧日风俗变化甚至消失得无处追寻。风俗承载着我们成长的记忆，但遗憾的是，这些记忆在一天天地消失。时移世迁，令人无限叹惋。有幸的是，我们生活中，有这样

总 序

一群学者,他们坚持着一笔一画地记录下了故乡点点滴滴的风俗;有这样一群画家,他们用画笔追寻乡土记忆,留下精彩纷呈的风俗图画;更有泰山出版社这样的"及时雨",把这两群人的力量汇聚到一起。群贤毕力,就是为给亲爱的读者们呈现这套《中国风俗图志》。

神州赤县,江山代有奇文出;彩墨华章,且留胜迹待追寻。相信假以数年,《中国风俗图志》中所记所画,一定会成为留给未来的宝贵精神文化财富。

是为序。

刘晓峰
中国民俗学会副会长
清华大学人文学院历史系教授
2019年12月12日 清华园

第五节 民田地区的醉龙舞 53
第六节 象征中华民族的龙舞 56
第七节 最受群众欢迎的狮舞 60
第八节 凌空起舞的飘色 62
第九节 能张嘴眨眼的木偶 67

第三章 民间艺术・放歌 71
第一节 疍家古俗咸水歌 71
第二节 侨味浓郁的东乡民歌 74
第三节 文化融合的「活化石」 78
第四节 小雅山房的银乐金乐 81

第四章 民间艺术・节庆 85
第一节 文献中的大巡游 85
第二节 沙溪三月三 87
第三节 圣狮四月八 89
第四节 小榄菊花会 90

第五章 岁时节令 93
第一节 春节的来由 94
第二节 立春与春神 97
第三节 从「开灯」说到「灯酒」 99
第四节 二月二土地诞 100

目录

第一章 故园忆旧 1

第一节 从孙文路说起 7

第二节 南粤特有的「骑楼」 10

第三节 十二点钟有炮打 13

第四节 中山人的「衣」 15

第五节 中山人的「食」 18

第六节 中山人的「住」 24

第七节 中山人的「行」 29

第八节 「桥」的故事 31

第九节 汽车搭船的日子 34

第二章 民间艺术·热舞 37

第一节 南粤古俗蜈蚣舞 37

第二节 中原古俗扒龙舟 40

第三节 隆都古俗鹤歌鹤舞 43

第四节 源自客家的麒麟舞 49

第五节 客家的「开叹情」 139
第六节 昔日婚姻陋俗 141
第七节 丧葬旧俗 144
第八节 风水奇谈 146
第九节 死人灯笼报大数 147
第十节 给长者贺寿 148
第十一节 为婴儿摆满月酒 149

第七章 儿童游戏 151
第一节 昔日孩子玩什么 153
第二节 风筝竞技谈昔 159

第八章 口头文学 163
第一节 鱼游鹤立的传说 165
第二节 金斗湾的传说 167
第三节 中山温泉的传说 169
第四节 孝女罗三妹的传说 171
第五节 曾哥潭的传说 173
第六节 「秤土」的传说 175
第七节 宫花王娘的传说 177
第八节 三月红荔枝的传说 179
第九节 茶薇仙子的传说 181

目录

第五节 惊蛰打小人 102
第六节 3月12日植树节 103
第七节 寒食与清明节 105
第八节 四月八浴佛节 107
第九节 端午节是卫生节 109
第十节 七夕拜七姐 111
第十一节 七月十四盂兰盆节 113
第十二节 中秋赏月 115
第十三节 重九登高放纸鹞 117
第十四节 冬至煮汤圆 119
第十五节 送灶君上天 120
第十六节 应节食品 123

第六章 婚丧习俗 127

第一节 石岐婚俗 128
第二节 小榄的「扎蒌脚」 134
第三节 疍家的水上情歌 135
第四节 隆都的「请姑爷」 137

第十一章 墟市风情 221
第一节 热闹的「年晚墟」 222
第二节 墟市众生相 224
第三节 除夕花市 226

第十二章 轻财厚义中山人 229
第一节 轻财厚义中山人 230
第二节 慈善万人行 232

后记 234

目录

第十节　酒米洞的传说　185
第十一节　「神主牌」的传说　189
第十二节　猛虎下山的传说　191
第十三节　民谣　193
第十四节　童谣　197
第十五节　谚语　200

第九章　宗教信仰　205

第一节　多元的宗教信仰　206
第二节　民俗的盛会——打醮　208
第三节　谲秘的民间娱乐　210

第十章　地方特产　213

第一节　中山杏仁饼　213
第二节　石岐乳鸽　214
第三节　黄圃腊肠　215
第四节　沙溪凉茶　216
第五节　街头风味小食　217

图 录

图 录

中国风俗图志·中山卷

故园忆旧（局部）

第一章 故园忆旧

中山原是孤悬珠江口外伶仃洋上的岛屿,名为香山岛,因岛上的香山山脉(今五桂山)而得名。距今5000多年前,已有土著古越(又称南越、百越)人在此繁衍生息。近年来,除在龙穴等地发现大批新石器时期的石器、陶器和青铜器外,还在高栏岛的宝镜湾(原属中山、今属珠海)发现4处共6幅礁石岩画。根据考古工作者的鉴定,这些岩画距今约有3000年历史。其中,东壁岩画最大最完整的一幅长5米,高2.9米,画中不但有鸟、兽、鱼、水、云等花纹图案,还有众多的人物,有男有女,或卧或立,或奔跑或舞蹈,栩栩如生,构成一幅以海船为中心的史前先民生活图景,细辨甚至可见船、帆,以及巫师和先民居住的干栏式房屋。很明显,画里描绘的,是渔船出海时人们在海边祭祀,祈求收获丰富和平安返航的场景。这些反映古越先民祭祀、信仰的岩画,证实古代香山在中原人进入前,就已拥有自己独立的民俗文化。

香山历史的第一个重大转折点发生在秦汉之交。秦始皇统一六国后,派任嚣、赵佗二将率领大军攻占南粤。秦末群雄逐鹿中原时,赵佗趁乱割据南粤,自立为南赵王。50万中原大军及其家属,凭借文化、技术、经济实力的优势,用武力不断抢占肥沃的土地,驱逐、掠夺、同化居住在这里的原住民。东汉时期,中原移民已取代古越人,成为香山岛上的新主人。据《广东通志》和《香山县志》等古籍记载,新移民中,一位名为陈临的中原人士,公开向香山岛上的中原人士发出改变"蛮俗"的号召。具体做法,就是广兴教育和提倡社会上层人士以身作则,以中原习俗取代原始落后的古越习俗。在陈临的努力下,这一号召效果显著。

随着中原人的强势进入,中原习俗逐渐成为香山民俗的主流,曾经辉煌的古越文化不复存在。但是,原住民的某些古俗也影响了新移民的生活,例如,直到晚清,在县城石岐的婚嫁

习俗中,仍有在家中聚集姐妹唱"歌堂"的习俗。除了与古越曾有某种渊源但被视为汉族成员的疍家人外,中原人的婚俗中本无这样的习惯,可见它确从古越习俗一脉相承而来。

时至晚唐,香山岛上的名门新贵渐已形成。据《香山县志》记载,唐开成二年(837年)进士,最后官至相当于宰相地位的同中书门下平章事的香山人郑愚,"家世殷富,驺僮布满山谷,皆纨衣鼎食"。说他家的土地、牛马、仆人多到漫山遍野,大概是事实;说连他家的仆人也穿丝质衣服,大碗酒大块肉地过日子,恐怕有夸张之嫌。

郑愚年少时身世显赫而又诗书满腹,自然不愿在偏僻的香山岛上终老,于是,前往广州和京师谋求仕进便成了他唯一的选择。在离开家乡之前,他写下《泛石岐海》,该诗后来被辑录在《全唐诗》中,成为历史上第一首吟咏香山风物的诗歌。

全诗如下:

> 此日携琴剑,飘然事远游。台山初罢雾,岐海正分流。
> 渔浦扬来笛,鸿逵翼去舟。鬓愁蒲柳早,衣怯芰荷秋。
> 未卜虞翻宅,休登王粲楼。怆然怀伴侣,徒尔赋离忧。

这里的"台山",指石岐以南的南台山;"岐海"指石岐海。当时的石岐是个小渔港,船只穿梭往来。虞翻和王粲,分别是三国时代吴国和魏国的名士,都是郁郁不得志者。从这首诗中,我们可以感受到,年少才高的郑愚此番负笈离开家乡,虽想闯一番事业,但想到国家的多灾多难,此行前途未卜,不禁悲从中来。

《唐诗纪事》还记载了一则与郑愚相关的逸事:当郑愚以桂营观察使的身份拜会在海内负有盛名的魏国公崔铉时,顺便带了文稿请他指教。崔铉见他衣着华丽,以为他只是个花花公子,便把他的文稿放在案上,看也不看,只礼貌地留他吃饭。当郑愚离席更衣时,众宾客都以为他自惭形秽而逃席了,没想到他换了一身红色的绣锦,重又回到座位来。崔铉在他离开的片刻,好奇地翻看了他的文章,不由得拍案叫绝,慨叹道:"也只有像他那样的才子,才配得上这身漂亮衣服啊!"

郑愚的更衣换锦,虽有"作秀"成分,但也说明了,只有像郑愚那种从"蛮夷之地"走出来的"土豪",才有胆量在高官和长辈面前如此显山露水。

北宋初年的香山岛,百业兴旺。不仅渔业、农业有所发展,商贸活动日渐活跃,而且开始有了原始的工矿业——采银和晒盐。

据宋代元丰年间编写的《九州志》记载，"东莞有香山崖银场"。香山崖银场位于今天珠海市唐家镇内的鸡柏村。白银是中国古代的贵重货币，开采银矿获利颇丰。

比采银更大宗的生产当推盐业。《香山县志》指出："东南盐务纷繁，而香山为产盐之区。"

而在农业比较发达的仁厚村、丰乐村等地，家庭手工业也开始发展起来。仁厚村（即今天的城区石岐一带）的妇女善植麻，懂得纺麻织布；丰乐村（岛的中部，即今天的三乡一带）的妇女利用坡地种桑养蚕，缫丝后织成丝绸，男人上山砍竹伐木，制造竹器和木家具；地处海边的长安村（岛南端的海边及邻近小岛，即今天的香洲及澳门一带）的渔民，用渔获晒制咸鱼、虾酱、蚝油。所有这些，当然不全为自用，更多的是送到集市售卖。总之，可以这么说，到北宋初年，小小的香山岛，虽然远处边隅，却也经济活跃，人丁兴旺，渐渐略具规模。

时至南宋，香山迎来了历史的又一个转折点。那时，香山还只是东莞县辖下的一个乡级行政区域，幸好遇上一位体恤民情的东莞县令——姚孝资。他遵照皇帝旨意，做了不少有利于民生的实事。在他的亲自规划和主持下，香山修建了不少大型防洪防汛水利工程，改善了农业生产的基本条件。从绍兴十三年（1143年）起，陈天觉出任香山寨的寨官。陈天觉是香山岛文顺乡（今石岐）人，绍兴八年戊午科博学宏词科考试中特赐进士出身。他为人正直，对朝政往往据理力争，因此开罪了不少权贵。在被排挤的情况下，他干脆辞官归里，当起了相当于县级的寨官（镇守海疆的武官）。任内，他努力协助姚孝资治水兴农，在香山岛上独当一面，连续9年筑堤护田，大兴水利，发展经济。

绍兴二十二年（1152年），姚孝资与陈天觉联名上书，请求朝廷同意香山设县，得到了朝廷的"诏准"。

早在姚陈上书的70年前，为了反映民意，老家文顺乡、进士出身的鄂州通判（主管征粮运粮的官员）梁杞，在告老辞官归里后不久，便与广南通判徐九思商议，两人联名向朝廷奏本，要求把香山寨升格为县，但并未获得朝廷批准。那么，陈天觉和姚孝资又是以什么理由说服朝廷的呢？

原来，姚孝资与陈天觉所持的理据是香山"役属东莞，以船输役，江上经常被盗，输役往来不便"，因此，请求将香山从"役属东莞"改为役属广州，"以便输役"。

当时，香山岛应缴的税收粮饷须经以下途径运送：香山岛隶属东莞，所以必须先送东

莞，再集中转运广州。这就必须经历两程水路，即首先越过宽广的伶仃洋，接着再沿海岸线转运广州。路途转折还是小问题，最关键的是，当时的海盗活动十分猖獗，而伶仃洋正是海盗的出没之地。如果税收粮饷直送广州，则只需横渡石岐海（内海），就可以转为陆路运输，这就安全、快捷得多。但要做到这一点，在行政管理上，香山岛须直属广州才行。

那时候，南宋的抗金前线正吃紧，远离前线的岭南，是给南宋提供军需的可靠大后方。姚陈二人的报告涉及朝廷命脉所在，皇帝读后，不由心动，朱笔一点，香山岛从此摇身化作香山县。

虽然获准"升格"，但在整体上，香山依然很穷。立县之初，香山是被朝廷列为"下县"的。明代修纂《永乐大典》，对香山县的描述依然是："香山为邑，海中一岛耳，其地最狭，其民最贫。"直到乾隆年间，县志仍然写道："今则民繁地瘠，家鲜余资，衣食取给于农圃。"可见，香山成为富县，起码是清中叶以后的事情了。

从"下县"到"大县"，香山人奋斗了500年！

这期间，历史还给了香山第三次机遇。

早在元代，香山海域就是海上"丝绸之路"的必经之路。《风土志》中有这样的记载："九星洲山九峰分峙，多石岩、石屋，灵草石上溜水（按：指飞瀑）甚美，为番舶往来所汲，曰天塘水。"刻着帆船和"利涉大川"四字的大石至今兀立在澳门的妈祖庙前，同样是历史的见证。

明嘉靖十四年（1535年），澳门已发展为外国商船停泊的重要港口。《明史》记载如下：

> 濠镜在香山县南，虎跳门外。先是暹罗、占城、爪哇、琉球、渤泥诸国互市，俱在广州设市舶司领之，正德时移于高州之电白县，嘉靖十四年，指挥黄庆纳贿，请于上官，移之濠镜，佛郎机①遂得混入。

嘉靖三十二年（1553年），葡萄牙船队司令官苏扎"托言舟触风涛缝裂，水湿货物，愿借地晾晒"，广东海道副使汪柏在接受葡人贿赂后，允许他们在时属香山的澳门登岸贸易，但规定只能搭棚贸易，卖清了货就得离开。翌年，两方进一步达成口头协议，允许葡人以每年缴交500两"地租"的方式，在澳门合法居留、贸易。

这一协议仅是口头协议，没有形成文字上报北京，手续并不齐备。如果上级官员认为不妥，一纸命令就能予以推翻。但是，从那时起直到晚清，并没有哪位大员尝试过这样做，这又是为什么呢？

《香山县志》一语道破天机。原来，当时的皇亲国戚、达官贵人追求西洋出产的玻璃镜、天鹅绒、肥皂粉、葡萄酒等奢侈品已成时尚，而通过澳门进口，正是获得这些物品的唯一途径，此为原因之一；由于长期海禁，官员们以为葡萄牙只不过是"南洋诸夷"之一，"一枝暂借，无足轻重"，此为原因之二；更重要的是，澳门开埠后，明政府收到的税金每年高达20000两白银！所以上至朝廷，下至地方，都乐得采取睁一只眼闭一只眼的态度，予以默许。

明政府同意葡人入住澳门，考虑的是关税的巨大收益。由于打开这扇窗户，澳门成了当时东西方文化交流的唯一通道，西方文化、科技随即传入中国，从而影响了中国这一古老帝国的历史进程，这是决策者们所始料不及的。

由于当时澳门归属香山管辖，香山成了联系澳门与省城乃至都城的唯一通道。这显然给香山的经济发展带来了莫大好处，进而影响了香山人的思想观念和生活习俗。清代鸦片战争后，毗邻香山的香港成了英国的殖民地，进一步强化了香山的地域优势。明了这一点，对清末民初，大批优秀的香山人能率先在国内脱颖而出的原因，就容易理解多了。例如，1872年率领首批幼童前赴美国留学的容闳，童年时代就是由父亲从香山送到澳门马礼逊学堂就读，其后随校长布朗夫妇远赴美国，考入耶鲁大学学习法律的。获得法律博士学位后，他决心"以为予之身，既受文明之教育，则当使后予之人，亦享此同等之列，以西方之学术，灌输于中国，使中国日趋于文明富强之列"。与容闳一起出国留学的另外两位香山人，黄胜成为在中国开办第一家近代印刷企业的本土企业家，黄宽则成了中国现代医学的开创者。至于读者们都很熟悉的革命先行者孙中山先生，当年远赴檀香山读书，也是从澳门乘船出发的，途中，他"始见轮舟之奇，沧海之阔。自是有慕西学之心，穷天地之想"。（见《孙中山全集》第一卷，《致翟理斯函》）

写以上这些，是为了告诉读者：中山这么一座地处祖国南疆的小城，机缘巧合下，成了中国早期中西文化的交汇点、中国民主革命的发源地。反映到民俗层面，就是多元文化共融，既以中原文化为主干，也广泛地接受西方文化的影响，甚至还保留了部分古越文化的痕迹。以下各章讲述的中山民俗，正是在这样的背景下形成的。

故园忆旧（局部）

第一节 从孙文路说起

从本章起,为了还原生活的真实,有时不得不使用历史上曾经使用的旧地名,因而简略交代中山市沿革是很有必要的。

中山市的前身,是远古时期的"香山岛",元代以后才与大陆相连,成为珠江三角洲的组成部分。秦汉以来,香山先后隶属番禺、东莞,南宋绍兴二十二年(1152年)朝廷诏准立县,取名"香山县"。1866年11月12日,孙中山先生在香山县翠亨村诞生,1925年3月12日逝世,同年4月15日,为纪念孙中山先生,经国民党中央执行委员会议决,广州"中华民国"陆海军大元帅府照准,香山县易名"中山县"。1983年12月,中山撤县设市,称"中山市"(县级),1988年1月1日升格为省辖地级市,仍名"中山市"(地级)。

香山立县后,翌年始建县城,取名"铁城"。此时,石岐还是县城外的一个小渔村。民国初年,为了发展经济,县政府决定拆城修路,从此铁城和石岐连成一片,统称"石岐"。

立县之初,香山曾被列作"下县"。直到明代,《永乐大典》仍然写着:"香山为邑,海中一岛耳,其地最狭,其民最贫。"清乾隆年间修纂的《香山县志》则说:"今则民繁地瘠,家鲜余资,衣食取给于农圃。"可是,到清嘉庆二十四年(1819年),香山全县农田总数已达125.3万亩,户口增至9.5万户,人口增至43万人,成为珠江三角洲内的鱼米之乡。"中华民国"成立后,中山凭借毗邻港澳和海外华侨众多的优势,以"敢为天下先"的首创精神,迅速成为闻名全国的富裕侨乡、民国时期的"全国模范县"。本章的"忆旧",就在这样的背景下展开。

百年前,人们乘船抵达香山,一上岸,抬头便可见一座牌坊。牌坊下是一幢两层的楼阁,名为"迎恩亭",后来改名"接官亭",那是香山县接待过往官差的驿站。从迎恩亭通往"铁城"西门的石街,名为"迎恩街",后来改名"观澜街"。民国初年,吴铁城、朱执信等县长先后主持拆城墙、修马路,于是,原先曲折相通的武峰里、怀德里、岐阳里、观澜街、大街市等5条窄窄的石街,摇身变成了"大马路"。1925年孙中山先生逝世后,为了纪念孙

故园忆旧（局部）

中山先生，这条马路正式命名为"孙文路"。

一个世纪前，"大马路"上最令人瞩目的建筑物是汇丰百货公司。

石岐有句老话："先有汇丰，后有大马路。"

原来，孙文路始建于1922年，直到1932年才最终完成。但汇丰百货公司却早在清光绪年间就开始筹建了，这是香山华侨李怜庵从国外集资回乡兴建的。这家公司于宣统年间局部营业，1911年庆祝香山起义成功期间正式开张。说起来，这家公司创立的时间比上海四大百货公司还要早。

汇丰百货为钢筋水泥结构四层建筑，一至三楼是综合性百货商场，四楼是茶市，有时也演出曲艺、魔术或杂技等。天台还加盖了棚架，成了一个有生果、茗茶、点心供应的简易粤剧演出场所。汇丰集百货、娱乐、饮食于一体，成了当时香山县热闹繁华的象征。所以其后修建"大马路"时，宁可让马路到此拐上一拐，也非得把它完整保存下来不可。自汇丰公司落成营业（1939年中山沦陷前夕停业），加上毗邻港澳的天然优势，石岐不久就成为珠江三角洲腹地的商贸中心，"小澳门"的美誉由此而来。

孙文路不仅因孙中山先生得名，与孙中山先生也很有缘分。1892年7月，孙中山以优异成绩毕业于香港西医书院，其后应澳门绅商邀请，到澳门镜湖医院当西医师。同年12月，孙中山在澳门创办中西药局。他医术高明，医德高尚，救死扶伤，向不少贫苦人家赠医赠药，其声誉

有口皆碑，但也招致部分葡籍医生的妒恨，被迫离开澳门，改赴广州行医。1893年春，孙中山在广州西关冼基设立东西药局，稍后又在石岐西门口（今孙文西路东段）开设东西药局支店，称中西药局。这里不仅是孙中山诊治病人的地方，1895年，当孙中山策划旨在推翻清朝封建统治的广州重阳节起义时，这里还曾是革命党人的联络点。

20世纪90年代，中山市政府决定把孙文路西段改造为文化旅游步行街，按"修旧如旧"原则，让它在最大程度上保留历史原貌，于是，这条已有近百年历史的马路，得以重现民国时期南方小城的风采。

中山市20世纪30年代先后建成的九条马路中，除以孙中山先生命名的孙文路外，还有民生路和民族路，都是以孙中山先生倡导的"三民主义"命名。80年代，又把一条新辟的马路命名为"民权路"，于是，"民生、民族、民权"就齐全了。中山人开玩笑说，中山在新中国成立前只有"民生、民族"，没有"民权"，中山人有"民权"，那是托改革开放之福！

故园忆旧（局部）

第二节 南粤特有的"骑楼"

孙文路给人的整体印象就是有民国风貌。马路两旁的商铺，一般只有两到三层，西式铺面，中式屋顶，店前是一字贯通的"骑楼"。

"骑楼"是南粤特有的人文景观。所谓"骑楼"，就是楼层部分跨在人行道上的临街楼房，楼房底下可以通行。中国传统建筑中也有类似的长廊，但那只是供庭院主人专用的附属建筑。诞生于民国初年的骑楼，却是户户相连，谁都可以进入。

南方高温多雨，出门本来必须备伞，后来各家各户主动把楼宇底层的前部奉献出来，连接成十里长廊，行人通过时就舒适多了。临街的一面，自然成了上佳的店铺，经济价值比之普通民宅高出许多，由此可见南粤人的精明。

数千年来，人们一直把私宅看作自家禁地，所以才有某位清廉的宰相接到本家要求协助打争地官司时，回诗"千里修书只为墙，让他三尺又何妨？万里长城今犹在，不见当年秦始皇"的佳话。然而，到了民国初年的某一天，人们突然想通了，都愿意敞开私宅的前部，与相邻人家一起共修长廊，供往来行人随意通过，这又是为什么呢？

原来，骑楼是清末民初时期伴随着旧城改造而出现的新事物。

1921年11月，吴铁城出任香山县第一任民选县长。当选后，他要做的第一件大事，就是拆城墙、修马路。

其间发生过一段小插曲。据说，当吴铁城提出"拆城"时，不少人强烈反对，他们说："县城名'铁城'，现任县座也叫'铁城'。拆城非吉兆，绝不能拆！"

吴铁城呵呵大笑："风水之说不足信。个人事小，发展经济、改善民生才是大事。"他力排众议，跑到西城门的施工现场，亲自挥锤拆城。众人都说，这回真是"铁城拆铁城"了！

吴铁城及其后几任县长，都把这一事关城市盛衰的建设大计视为首要事务，最终把计划中的几条马路全部修通了。马路是由窄窄的石街拓阔而成的，修路红线一画，沿街店户的门房、天井，甚至前厅的一小半，都得给新修的马路让路。好端端的房屋突然失去一半，那残局如何收拾？

还是曾经漂洋过海的华侨脑瓜灵活，他们想起盛行于地中海国家和东南亚一带用来遮阳的"外廊式建筑"，觉得拿过来用也很不错。他们干脆将拆后剩下的半间房子改建成商铺，仿照东南亚的样子，底层开店铺，腾出那么几米地面，协同修成首尾相连的长廊。建长廊有什么好处？不仅可为行人遮阳挡雨，招徕顾客进店，廊顶的楼房还可以腾空跨越行人道，一直修到马路边缘。"骑楼"之名就是这么来的。

骑楼式建筑，一般可分为楼顶、楼身、骑底三个部分。

故园忆旧（局部）

从建筑平面观察，骑楼的基本特点是面宽小、进深大，平面底层前部辟为人行道，后部留作商店，二层以上部分通常用作住宅，住宅前部跨越人行道，与马路边缘齐平。

从建筑立面看，骑楼的总体风格可用"中西合璧"四字概括，既可仿效罗马券廊式、仿哥特式、仿巴洛克式，也可根据民族喜好，把岭南佳果和吉祥图案，乃至满洲窗应用于楼宇装饰上。

孙文路前身的五条石街，本就是商业中心。相传自明代开始，著名的"十八间"商铺就汇聚在这里。民国初年华侨注资兴建、楼高五层的新式百货大厦汇丰百货公司也建在这里。正因为这一带商业价值高，所以修建马路时，原有的商号和大宅没有简单地拆去前座，而是按统一规划进行拆建。由于事前取得共识，各家各户在改建店铺时，除了讲究前述的基本特点外，还把骑楼走廊顶部的第二层连成一体，遇上重大变故，彼此将门打开，就是一条公用的防火和防盗通道。

第三节 十二点钟有炮打

孙文路作为东西走向的城市纵轴,一砖一瓦,无不留下沧桑的印记。从路的最东端(今称孙文东路)一直走到最西端的岐江河边,我们可以依次见到当年的学宫(今已不存),那是学子们读书应考的地方;往西是月山公园,那里残留了一段明代的古城墙,从墙体砖缝长出的已有数百年历史的榕树形成浓密的树荫,民间称之为"万年阴",那里历来是人们听瞽叟讲古、演唱龙舟歌的场所。相传清道光年间,某香山籍京官犯了事,时任总督的曾望颜为他向皇帝求情,最后,御旨下诏流放岭南"万年阴"。京官大惊失色,再求曾望颜为之缓颊,曾望颜怒道:"送你回乡还不满足,难道还要雇八人大轿把你抬回去?"

月山公园往西,是昔日的城隍庙,民国初年改用作县政府。据说,拆卸神像时,从神像肚子里掏出的金银珠宝足有一小箩筐;再往西走到今天的孙文中路,登百余石级,就是始建于明代,至今香火鼎盛的西山禅寺。孙文西路中段的烟墩山上,还有一座始建于明代的古塔,在更早时候,那里曾是海防线上的烽火台,每当发现海盗意图来袭,会立即焚烟示警。

为什么要在山上修塔?那是因为,香山自南宋立县后,由于地处边隅,经济落后,人民生

故园忆旧（局部）

活贫困，一直被朝廷划为"下县"。风水先生巧舌如簧，向官员和父老们游说：据地势，石岐原是"网缯（即渔网）地"，烟墩山和对岸的马山，就是张开"神缯"的两支"栋"，由于烟墩山比马山矮，"神缯"向烟墩山方向倾斜，结果让"财气"白白漏走了。

明万历三十六年（1608年）九月，香山知县蔡继善接受乡绅提议，决定在烟墩山上兴修风水塔，使之总高度与长洲的马山相齐。

烟墩山塔又称"文塔"，俗称"花塔"，那是一座七层八角形楼阁式砖结构塔，每层均有飞檐，塔顶用铸铁制成。1957年重修时把最上面三层改为实心，1983年再次重修时，更在其上装了霓虹灯，晚上熠熠生辉，从此无论早晚，老远就可以看见这座塔。

民国初年，烟墩山文塔旁曾有一尊土炮，每当正午12时，便由石岐商会委派专人燃点报时，在还没有无线电讯号报，甚至时钟还未能在民间普及的年代，这是颇受欢迎的便民措施。那时，石岐有句老话说"古岐真好耍，十二点钟有炮打"。直到今天，还有人为这门土炮于20世纪50年代被撤感到可惜，建议为开发旅游重设古炮，恢复中午开炮报时的旧例。

第四节 中山人的"衣"

民生民俗，无非是衣、食、住、行。这里先说中山人的"衣"。

中国人历来重视穿戴，尤其在等级森严的封建社会。穿衣服，不仅具有防风雨、避寒暑、遮羞蔽体、修饰美容等功能，而且往往用来区分贵贱，官穿官装，民穿民服，在过去是混淆不得的。

男穿长衫，女穿旗袍。这是从清代直到民国初年，中山人的主要穿着。

旗袍，原是满族男女一致的传统服装。清太祖努尔哈赤创建后金国（清王朝前身）时，为了战争需要，把所有满人都编在旗内，一共八个旗。后来，他又将辽东的汉人和蒙古人也编进旗内，也是八个旗。"旗"既是民户，也是军户。入关以后不再编旗了，于是原来的"旗人"便成了特殊阶层，旗人所穿的袍子，从此被称作"旗袍"。旗袍的特点是圆领、捻襟、窄袖、四面开襟，是为适应马上骑射的需要而逐步形成的。四面开襟是为了上下马方便，窄袖是为了便于挽弓射箭。为了提高在严冬的御寒能力，窄袖的前面还接出一节类似马蹄形的袖头，因此也叫作马蹄袖，亦即箭袖。不过，满人入主中原之后，箭袖也就失去原有的用处，只剩下了

故园忆旧（局部）

见面问安时的礼节性动作——"掸袖头"，这在清装电视剧中可以见到。

1911年发生的辛亥革命，推翻了在中国延续了两千多年的封建专制统治，其深远影响也反映到人们的穿戴上来。男人剪掉了象征着民族耻辱的辫子，改穿中山装或西装。横加在妇女身上的封建束缚逐步被解除，使得女性服装演变尤其迅速：缠足和束胸不再是时尚，而被视为丑陋。随着妇女解放的呼声日渐响亮，女性解除束缚后呈现出来的曲线美，迫切要求身上的服装与之适应，"时装"这个词，便破天荒地第一次被明确提出，挂在人们的嘴边。

20世纪初，妇女的服装最初仍然沿袭"旗袍"旧样，宽袍大袖把全身包裹得严严密密，连鞋尖也不让外人看到。民国后，妇女改穿长裤和大衿衫，袖口也渐渐收窄；一些追求自由的妇女，衣装更是明快朴素，衫长过膝，衣领几乎顶托着下巴，衣领和衫脚绣了花边，一条窄窄的西裤，脚下穿一双皮鞋。当她们高视阔步地在大街经过时，路人为之侧目，称之为"自由女"。

清末民初的中山诗人黄衍昌写下的四首《香山女界近事竹枝词》，非常生动地描写了当时的青春少女们对美的追求：

《小皮靴》："嫩蓝衫子翠湘波，指点芳园逐队过。橐橐有声听断续，乌皮齐着小蛮靴。"

《小纨扇》："覆额鸦青剪处齐，一弯新月衬眉低。轻罗小扇频遮面，故把香名淡墨题。"

《唱洋歌》："松松云鬟带香梳，窄窄春衫掩薄罗。靓面似羞还似笑，低头宛转唱洋歌。"

《小洋遮》："几番看会约邻家，游罢花街日未斜。不畏炎曦红似火，齐擎象柄小洋遮。"

黄衍昌这几首竹枝词写得实在好。竹枝词本以用平浅通达的语言描写乡俗民情见长，难得的是这几首小诗抓住清末民初的时代特色，活灵活现地写出了一幅幅清末民初的"香山仕女图"。

剪一头齐额的短发，穿一身紧身的嫩蓝春衫，脚上是一双走起路来咯咯有声的黑皮鞋，手拿一把轻罗小扇（或象牙柄小洋伞），三五成群地结伴而游，这就是清末民初的香山女学生们。

以上说的仅是香山女学生们的外表，重要的还是心态。她们也许是最早考进女学堂读书的学生，骤然冲破旧礼教的樊篱，既怀着满腔喜悦，又不免有点含羞，特别是面对大街上那么多艳羡的抑或非议的异性目光。"轻罗小扇频遮面"，不仅隐隐体现着闺秀们对庭训的恪守，也是自我保护的手段之一；然而她们到底是希望别人能注意自己和赞赏自己的，"故把香名淡墨题"。至于"宛转唱洋歌"，那大概得在无人处或同学、姐妹面前才敢开腔了。

靴称"蛮靴"，歌称"洋歌"，伞称"洋遮"，表明这些东西刚从西方传入不久。东西本身倒不一定是舶来货，说不定就是省城或中山本地的仿造品。随后，外国晚礼服也引进中山的"上流"社会里来，人们把它称为"西裙"，演变到后来，就是现在所说的婚纱。

民国初年的旗袍，先是圆领变成了高领，袍身和袖子变短了，而后是腰部收缩，并把领、襟、袖口的镶滚一律省去，使之更能体现女性婀娜妩媚的曲线美。直到当代，在晚宴等场合，旗袍还会继续穿在女性身上，但其样式与昔日的"旗袍"已经大不相同了。今天，谁还能够想象，"旗袍"原是骑马专用的服装呢？

故园忆旧(局部)

第五节 中山人的"食"

在邓振铃的另一幅风俗长卷《大庙下晚市梦华》中,我们还可以一睹20世纪上半叶"大庙下"的风采。"大庙下"原来是天后庙前的小广场,是古代香山县城铁城和渔村石岐接壤处自然形成的集市。到孙文西路成为商贸中心时,大庙下也成了著名的饮食旅业区。这里首先是"食街",从街头到街尾,除了旅店就是食店。华灯初上时分,食店的招牌熠熠生辉,美食广告铺天盖地。短短一条街,几乎囊括了当时所能找到的天下美食,比较著名的就有叙贤茶楼、高升茶楼、大三元酒楼、东方蛇店、巢记竹升面、北香馆等,此外,还有供应炖品、沙河粉、茅根竹蔗水、双皮奶、水果、西饼雪糕的店铺。这还没有算上那些摆摊设档,供应炒田螺、猪脏粉、番薯糖水、糖水菱角仔,以及推着流动小车叫卖酸姜、荞头、甘草梅、桂花蝉、龙虱、鸡髀麻糖、当当糖(麦芽糖)的小贩,拐个弯,还有一间远近驰名的安栈沙河粉店,该店焖煮的牛腩才真叫"齿颊留香"!

有人说,没上过茶楼,算不得到过广东。广东人的饮食文化,在那里表现得淋漓尽致。中山人"敢为天下先",泡茶楼当然少不了他们。

　　老广东人特别爱泡茶楼，个别老人家，早午晚三餐都泡在茶楼里。大半个世纪前，茶楼不仅是食店、交际场所，还兼顾了娱乐功能，许多粤曲唱家甚至大"老倌"，都是在茶楼的小小乐池里熬出道的。"四大天王"之一的吕文成，可谓名震粤港澳。他回到家乡中山，演出的场所不是剧院，恰恰正是大庙下的叙贤茶楼！

　　茶楼里的小食五花八门，点之不尽。不少茶楼还有自己的招牌"点心"，例如"三星大包""七星大包"。这种包点，一般都有叉烧、鸭蛋、瘦肉等丰富的馅料，又大又便宜，但是每天清早只卖一轮，卖完为止，迟来不候。谁想捡便宜，就得趁早。

　　茶楼里，人人都可以旁若无人地高谈阔论，不必理会别人，也没有谁会介意。每个行业的人通常都会聚集在某一特定的茶楼饮茶，不仅为吃早点，更重要的是交流信息、联络感情，甚至就在桌面上洽谈生意。只有那些微闭双眼两鬓苍苍的老伯，才会心无旁骛、悠悠闲闲地品茶，这，已经是人生的又一境界了。

　　外地人常说："广东人什么都敢吃。"广东人不仅食得杂，而且食得刁。飞禽走兽，蛇虫鼠蚁，只要证实无毒，总能把它摆上食筵，而且有办法把它弄得美味可口，让不明底蕴之人大快朵颐，吃后一打听，却又不免有点后怕。

　　广东人的"什么都敢吃"是有历史传统的。南宋的周去非在《岭外代答》一文中说："深广及溪峒人，不问鸟兽虫蛇，无不食之。"从稻田里稻根钻出来的禾虫，缫丝时从蚕茧取出的蚕蛹，从蜂窝取出的还在蠕动的蜂蛹，在田野上出没的田鼠，都成了桌上佳肴；水中游的

故园忆旧（局部）

龙虱、树上的桂花蝉，都成了美味小食。这些"野味"恰恰都是营养价值极高的食物，例如龙虱，中山人就认为它对小孩的梦中遗尿和老人的夜尿频繁有治疗价值。

最令北方人不可思议的是吃蛇。蛇，在北方被称为长虫，能在地面、树上、水中快速游动，抓起来滑不溜秋，况且大半有剧毒，一般人见了避之唯恐不及，中山人居然敢吃，还从野外捕猎发展为人工饲养，开发出丰富的食谱，乃至全蛇宴，真让人惊讶不已。

实际上，广东的吃蛇之风，大概可以上溯到数千年前的原始聚落时代。这里地处亚热带，高温多雨，密林丛生，古越先民自古就与蛇打交道。长期以来，从为了自卫打蛇，再到为了果腹吃蛇，到吃得有滋有味，吃蛇在这里已演变成一件十分自然的事。

现在，人们常把"饮食文化"一词挂在嘴边。以粤菜为例，不仅烹调方法十分讲究，单说菜式命名，也有着丰富的文化内涵，体现着人们的审美情趣与精神渴求。

不管档次高低，厨师必为每道菜式想出响亮的菜名。起名的依据，可以是谐音，可以是象形，可以是会意，但总有一个准则，必须寓意吉祥。

以下就是常见的传统菜名：发财好事（发菜蚝豉）、横财就手（焖猪手）、年年有余（蒸鲜鱼）、春盘献瑞（乳猪拼盘）、瑞气盈门（炖山瑞）、金鹊回巢（炒乳鸽片芋丝巢）、鲤跃龙门（姜葱鲤）。

在给菜式命名时，通常不是用什么食材直说什么，而是将它改为行内公认的替代语。以下是一些较常见的例子：蛋白——银湖、雪堆；蛇皮——龙衣；蟹黄——珊瑚；带子——

玉带;鸡蛋——凤凰;鸡翅——凤翼、彩袖;鸡脚——凤爪;蛇——龙;鸭脚、鹅掌——玉掌;苦瓜——凉瓜;丝瓜——胜瓜;一种原料两种做法,就称之为鸳鸯。以上还是较易联想的,另一些就可能叫人摸不着头脑。例如"西施浣纱",你能想象是什么吗?其实是"上汤扒竹笋"。

这么说来,岂不是只要能入口,就能乱吃一通?不是的。至少在庄重场合,例如婚宴、寿宴或者招待客人,要遵守规范,那就是不多不少,必上九盆,称之为"九大簋"。

簋,原是古代盛主食的器具,一般与放置牲畜肉的鼎配合使用。早期的簋是用土、竹、木等材料制造的。到它成为王室和富贵人家的"礼器",即祭祀和宴客用的器具时,就改用青铜铸造了。

按周朝礼法:太牢九鼎配八簋,七鼎配六簋;少牢五鼎配四簋;牲三鼎配二簋;一鼎无簋。也就是说,在周代,祭祀神灵和祖先的最高规格就是九盆肉食加上八碗其他食物。即使是周王也只能用八个簋,其他如小国诸侯,簋的个数还得按级别递减,超过了就是僭越,可能惹上杀身之祸。

日常生活不可能那么讲排场,因此,直到改革开放前夕,中山人餐桌上最常出现的,其实只是以下便宜食料:

榄角（又称榄豉）榄角产自乌榄树——一种高大的乔木。将摘自树上的乌榄用水煮熟,用麻线割为两半,再用盐水浸渍,晒干就可以用来下饭。比较讲究的,不用盐水,改用带

故园忆旧（局部）

鲜味的豉油（老抽），加上芝麻，就算是豪华型的了。

咸虾（较高档次的称为虾膏） 这是用小虾加盐腌制而成的，既鲜又香。有人为了省钱，甚至"咸虾炒石春（卵石）"，吃时用筷子挟一颗小卵石，吃过味道后，再把卵石吐出、洗净，以后加咸虾再炒。原属中山的珠海翠微所产的虾膏最负盛名。

冲菜 属于这一系列的还有头菜、梅菜等，都是咸菜。

酸菜 用芥菜腌制，有强烈的酸味，用来蒸煮鲮鱼等。

豆乳、南乳 现在只用作调味品，昔日曾作为主菜之一。

一般的瓜菜，如节瓜、冬瓜、萝卜、菜心、生菜等，自然是不缺的，只是品种不如现在多。

值得一提的是，那时，由于人口密度不大，捞捕现象不算严重，环境污染的程度也比较轻，所以海（河）产特别丰富。沙田人有先架锅生火，然后外出找菜下锅的。据说，到田头一转，在窦口等出水处预先布下的网罾里，通常可以找到鱼虾。小孩子跑到野外，把泥沼的水舀干，用手摸下去，说不定可以抓到塘虱、斑鱼（又名生鱼、乌鱼）。带一只小鱼划、一块滑板到滩涂，小半天就可以捞捕到一大筐乃鱼、白鸽鱼或者蚬。碰上螃蜞繁殖的季节，半夜起床到田头，准能抓回大箩螃蜞，尤其是雌性螃蜞盖上那厚厚一层红色的卵，可算上菜。那时，只拿一支大头针拗弯，垂放在鱼塘边，也可以钓到活蹦乱跳的基围虾。碰上三月鱼汛，狮头鱼、凤尾鱼、禾虫等多得满街市都是，几分钱就能买上一斤。还有水上居民干晒的咸鸭蛋，蛋白用来给麻质渔网上浆，剩下的蛋黄加盐晒干，也特别便宜。

大概有感于一些国人崇洋心理作祟,盲目崇拜西方饮食,出生于农家的孙中山先生,在《建国方略》中,特意写下了一段关于中国饮食的话:

> 中国……饮食之进步,至今尚为文明各国所不及。中国所发明之食物,因大盛于欧美;而中国烹调法之精良,又非欧美所可并驾齐驱。日常寻常之品,如金针、木耳、豆腐、豆芽等食品,实素食之良者,而欧美各国并不知其为食品者也。

孙中山先生的这段话,写于一个世纪前,那时中国的科技和经济发展程度的确不如欧美,但他对中国传统饮食文化推崇备至,认为远逾欧美。

孙中山先生曾经自创一味"四物汤",以金针、木耳、豆腐和豆芽为食材。金针,又名黄花菜,性味甘平,清热解毒,止血,止渴生津,宽胸膈;木耳,有凉血止血功用,又可润燥利肠,据说还有防治动脉粥样硬化以及抗癌等功效;豆腐,性味甘咸、寒平,清热利尿,益气宽中;豆芽,利湿清热,有降低血脂和胆固醇等功效。"四素"熬汤,既富营养,又鲜美可口。

据说,孙中山先生即使款待唐绍仪、谭延闿等元老级人物,所用的菜依然以猪血炒豆芽、咸鱼头豆腐煲等为主,令这些元老既惭愧又感动。

大体上,与孙中山先生有点关系的菜式,食材都比较廉价易得。他的日常饮食,通常只是一盆豆腐、一碟鱼、一碟青菜。做过医生的他知道,从营养学的角度看,这些足矣。他不想把精力、时间和金钱耗费在口腹之欲上,他要以身作则,为革命同志树立一个榜样。直至弥留

大庙下晚市梦华全景图(局部)

之际,他念念不忘的仍然是"革命尚未成功,同志仍须努力"(《国父遗嘱》)。如此看来,孙中山先生创拟的"四物汤"(有人称之为"中山四物汤")确实是一帖凉血醒脑剂。

第六节 中山人的"住"

走进中山的沙涌、竹秀园等侨乡,最引人注目的,是成行成列的侨房,看着款式相同的房子宛若孪生兄弟那样相偎相依,心中常会蓦然升起一丝暖意。

按中国传统观念,华侨即使远赴大洋彼岸,与家乡远隔天涯,依然记得身上流着炎黄子孙的血液,尤重"落叶归根",到年华渐老的某一天,总想携带积蓄,回乡择地建房安老。

中山侨房通常具有中西合璧的特色，跨过门槛就是大厅，省却老式民房常见的门房和天井。那些呈"一"字横排的房子，门面相同，多由兄弟或来往密切的乡亲共建，因而被称为"兄弟屋"。房子多为平房或二层小洋房，面积虽然不大，但很实用。从街上仰望，建筑立面大致上有两种：

一是外观保留传统的"金字顶"。如有二楼，多在前壁采用蟹口窗通风、采光。除檐下墙画外，没有多余的装饰物，显得干净利落。此类模式多见于乡间的侨房。

二是保留"金字顶"，但却以巧妙的方式予以掩饰。办法是，在顶楼前檐建一个宽约一米的混凝土小平台，再在朝街一面加砌围栏，把行人的视线挡住，从地面往上望，就像百分之百的天台式楼顶。这些房屋通常会把二楼的前厅往内缩进大约两米，装修成具有西洋风味的内阳台。此类模式多见于城里华侨聚居的街巷。

民国初年建造的房子，不管外观有多大差别，室内布局大抵相同。门户当街，主楼与街道间没有任何诸如门房之类的过渡性设施。前门通常是以下组合：门槛、约一人高的扇形折叠小门、趟栊以及高大厚重的木门，门后加一道装锁的木闩。只要屋里有人，白天绝不关大门，只虚掩最外面的小折门，再把趟栊拉上。

一进门就是前厅，也就是主厅，接待宾客、祭祀祖先等重大事务都在这里进行。大厅后面是主人房、厅房的分隔，即一列可以折叠开合的板障。板障顶设一个用木料修筑、往内

大庙下晚市梦华全景图（局部）

　　缩进一米左右的神台，"堂上历代祖先"就供奉在那里。主人房侧，留一条有彩绘门额的通道，俗称走廊，从这里可以穿过二进的厅和房直入厨房。厨房较大，因为必须设置一套包括饭煲、铁锅，以及利用余火烧热水的灶尾煲的炉灶，还要预留空地堆放柴枝芒草。有条件的话，还会开一眼露天的水井，以及一扇通往后巷的小门，门楣贴着"金山顺利"之类吉祥字句的红纸条。从大厅直到厨房，地面铺的都是红地砖，遇上冬时年节，还会用铁红磨成的阶砖粉把地面涂得红彤彤的。

　　通往二楼的楼梯设于后厅。二楼格局基本与底层一样，只是前厅往内缩进一部分作为内阳台，因而前厅面积比底层小。楼面是用横贯左右墙壁的木枋架起来的，并于其上铺设楼板。比较富裕的家庭，还会在木板上加铺瓷片，俗称花阶砖。前厅楼板通常留个方形的窥视孔，上面疏疏地架几条扁铁条，用以窥视楼下动静，也为底层起部分采光作用。

　　两屋之间，通常以一条窄窄的"水巷"分隔。倘若相邻的是"兄弟屋"，还会在相邻的一侧，在二楼各开一个小门，两门相对，倘若对方同意，可从二楼通过架在两屋之间的小桥进入邻屋。水巷是露天的，全屋的废水就经这里的明渠流进大街的污水渠，水巷之名就是这么来的。

　　那些携资回国，在上海等大城市谋求发展的侨商巨贾，也会主动牵头，组织旗下员工，集资回家乡购买整幅土地，修起成片的房屋。

　　位于石岐治安街的永安里，就有一个由上海郭氏永安集团集资兴建的社区。长长的围墙，仿佛是闸门向左右伸出的一双手臂，拥抱着整个社区。围墙内，地面是清一色的混凝土

地坪。统一规格的房子,整齐地排成几排。安居在那里的小业主们,彼此都是同一企业的员工家眷,"同声相应,同气相求",自然相处和洽。这种不是员工宿舍的员工宿舍,与过去聚族而居、自然形成的村落有着本质的区别,已可说是现代住宅小区的雏形了。

直到民国初年,住在前清遗下的老房子里的中山人仍有不少,那些老房子多是狭窄的平房,外貌和室内布置相当简陋。至于住在沙田地区的农民,基本上都住在竹木搭架、稻草盖顶的茅寮里。

这里要重点介绍的,是被国人和外国朋友视为"圣地"的孙中山故居。凡到中山参观访问,没有不安排时间前往瞻仰的。

孙中山故居位于中山市南朗镇翠亨村,那是1892年孙中山在香港读书期间设计及监建的,建房款由他的大哥孙眉从檀香山汇回。这是一幢庭院式住宅,坐东北、向西南,占地面积500平方米,建筑面积340平方米,歇山式砖木结构,外加中西结合的骑楼。建筑立面仿效南欧建筑,楼房正面的上下两层均设七个赭红色的装饰性拱门,屋檐正中有光环状灰雕装饰,环下是一只口衔钱环的飞鹰。楼房内部沿用中国传统建筑模式,中间是正厅,左右各有一个厢房,墙壁以水磨青砖筑砌,门前还有一株孙中山少年时代用从檀香山携回的种子种植的酸子树。按国人惯例,为怕财气飘散,大厅绝不开窗。孙中山却一反传统,他不仅在二楼修了回廊式通道,还在大厅安了四个窗口,以便采光和空气流通,屋的前后左右均有门通向街外。

大庙下晚市梦华全景图(局部)

据说,新居落成时,村里人曾经议论纷纷:

"哎呀,怎么在正梁下开窗,四通八达,走漏风水,太不吉利了。"

"坐东朝西,违背老祖宗定下的规矩,这怎么行!"

"数一数吧,一共开着13个门户哩。"

孙中山实在憋不住,索性把心里话亮了出来:"空气流通,有益健康;四面门户,眼界开阔,这就叫作大吉大利!"

一句话,便把众人的口都堵住了。

新房落成那天,孙家内外喜气洋洋。孙中山在翠亨读书时的最后一位业师程君海特意从南朗赶来祝贺,他沿着楼梯登上二楼,在四通八达的走廊间走了一遍,又在每一个窗口前站了一会儿,禁不住竖起大拇指称赞说:"好!好!孙文这孩子我早就说过他很不一般,长大必成大器。"

程君海乐呵呵地说着,忍不住又给得意门生出了个小难题:

"孙文,读了这么些年洋书后,现在还能对对子吗?何不动笔为这幢新落成的楼房题写一联?"

孙中山遵命走到书桌前,铺开笺纸,沉思片刻,随即以笔蘸墨在纸上大书一联:

一椽得所　五桂安居

这就是现在悬挂在孙中山故居正门的那副门联。

中山现存的名人故居不少,有南区沙涌村香港先施公司创办人马应彪为纪念先父马在明而建的"马公纪念堂",竹秀园村香港永安公司创办人郭乐、郭泉、郭顺等兄弟为纪念先父郭沛勋而建的"沛勋堂"等。"马公纪念堂"和"沛勋堂"建造规模颇大,"马公纪念堂"拥有大面积花园,而且仅主体建筑就有四柱三间的牌坊式正门、重檐八角攒尖顶的"在明亭"、仿意大利式的"一元堂"、仿英国式的"南源堂"和仿西班牙式的"妇儿院";"沛勋堂"主体为仿英式三层建筑,顶部为钟楼,庭院正中设置喷水池和圆形喷水花塔。以上建筑,均属民国时期仿欧建筑的代表作。

第七节 中山人的"行"

中山原是珠江口外伶仃洋上的孤岛,经过千百年来珠江水夹带的泥滓的沉积,以及自宋代开始的历代围垦,到元代才与大陆连通,但仍是河涌交错、水网纵横的水乡。以县城石岐周边(今中山市的老城区)为例,它的东南西北四面,几乎全被河道团团围住。

城西是被称为"石岐海"的母亲河岐江;城北有张溪涌、青云涌;城南有元坛桥涌,该涌源出五桂山,流经石岐附近时汇合多条小河,分成两股,其一支流向北,名为九曲河;另一支是南门河,在玄坛桥附近注入岐江。

海岛地形通常以山地为主,四周才是狭长的平原,中山也是如此:中部横亘着古称香山的五桂山脉,只有岛北端的石岐和岛南端的金斗湾(今珠海市)才稍微开阔一些。

以此之故,在漫长的岁月里,中山的交通十分落后,贯串城与乡、乡与乡的,只有弯曲的村道,以及来往于水网地区的船艇。要通往外地,就不能不走水道。

直到清初,中山才修起第一条比较像样的"官道"。那是在清康熙五十七年(1718年)修筑的,从县城石岐出发,经沙溪到大涌为止的"西河石路",连接县城和重要产粮区之一的隆都(今沙溪镇和大涌镇)。

清咸丰十年(1860年),贯通全县南北,穿越五桂山直通澳门的南干大道(今称岐澳古道)才修建起来。既名"大道",多宽多长呢?全长70千米,路面宽6尺(老尺),不到现在的两米半。中山人历来不习惯使用北方常见的独轮车,所以除了肩挑手提外,实在没有别的办法走(官老爷和富人坐轿还是可以的)。但不要忘记,这已经是250年前香山最宽敞的"官道"了。

由于毗邻港澳,海外华侨众多的缘故,在珠江三角洲,具有现代意义的"公路",其实最先是在中山修建起来的。

1927年,三乡华侨郑芷湘等发起修筑岐关公路的倡议。经广东省建设厅公路处核准立案,颁发"路字第1号及第4号建筑执照"后,他们以集股筹资的方法,同年10月动工,分段修筑,完工一段投入营运一段。终于在1931年及1936年分别建成了纵贯县内全境南北的岐关公路东、西两线。

岐关公路虽然只是砂土公路,但路面平坦,排水、防滑性能良好,曾被誉为"继南满公路(沈阳至大连)之后,中国大陆的第二条符合标准的砂土公路"。直到20世纪50年代初,岐关公路仍然在1950年和1951年的全国土路评比中荣获第一名。

抗日战争期间,为了阻挠日军进犯,中山人曾经忍痛逐段破坏了岐关公路。于是,生活在沦陷区内缺衣少食的市民,为了谋生,不得不肩挑手提,重走废弃多年的"南干大道",穿越五桂山,来往于中山、澳门之间,贩卖煤油及柴米油盐等,以赚取两地差价微利。

当时被困中山的诗人郑彼岸,曾以一首题为"走翠微——为徐慧侠表妹作"的方言诗,沉痛地描述了他目睹的惨况:

> 石岐女儿年十五,生值乱离兼丧父。近来寄住濠头村,学走翠微养老母。每天米担预备完,床上终宵听更鼓。五更饭后便起程,行到长江天谱卤②。长江过后要穿山,此时行路最艰难。山程约莫三塘汛③,三个钟头行不尽。山路崎岖最恶行,忽然斜迳忽深坑。沙蜾④时时伤脚板,石头又揩了哥青⑤。……赶到茶亭暂息肩,粗茶到口如甘露。饭鹅⑥取出冻冰冰,胡乱吃完又举步。再行半路到翠微,时钟恰好到三时。米已卖完投客栈,豆粥一餐当晚饭。……天色

麻沙⑦到圩市,未到人声已聒耳。……卅斤货物"打"回头⑧,一半青盐一半豆。……初更报罢才到家,湿衣换罢全身震。等到天光货卖完,算来赚得十多元⑨。米价每元三两几,不够娘儿吃两天。……君不见濠头街市前,许多小贩坐街边,压肩货担刚才歇,又摆街边求卖脱。买者须知豆与盐,尽是贫民身上血!

水路方面,清末民初,使用柴油内燃机发动的轮船开始驶进珠江水域,随后出现"老鼠拖龟"式的"花尾渡"。花尾渡指珠江航道上特有的客货两用大型拖船,船体用木料制成,通常分三层,底层称统舱,亦即货舱,也设小量下等客位;中层为客舱,设卧铺两层于左右两旁,每个铺位间用木板隔开,每个铺位都有一个小小的窗户。上层尾部为舵房,中前部为船员生活室。三层之间用楼梯连接,船尾高高翘出水面,船身外面涂着艳丽的色彩和图案,"花尾渡"即以此得名。

花尾渡本身没有动力,主要靠火轮船(中山人称为"拖头""电扒仔")用一条长缆拖着走,每当驶进港口,就改为电船、花尾渡并排走,那就叫"拍拖"。广东人把谈恋爱叫作"拍拖",就是从航运术语中借来的。

第八节 "桥"的故事

中山地处水网地带,河道纵横,密如蛛网。在过去,出门没走几步,就会碰上河溪拦路,桥在当地人生活中的重要性可想而知。

人类历史上最早的桥建于什么年代?想来不会迟于新石器时代吧。一场大风刮过,把大树扳倒,正好横在水面上,大风过后,先民突然发现,现在过河,可以轻易地从树身上走过

去，再也不必涉水了，这就是最早的桥。有了这个新的经验和体会，人工修建的桥也就顺理成章地出现了。由独木桥而至板桥、石桥……这就是一部完整的桥的历史。

说说那种最原始的独木桥吧，直到20世纪50年代至60年代，在中山的农村地区，人们还不得不时时与它打交道。尤其当雨天路滑、桥面满是泥泞时，每走一步都得用脚趾深扎路面，那才真叫"一步一惊心"！

因为桥的作用如此之大，所以自古以来，人们通常把修桥筑路视作"积德"的善举，有自愿捐款、个人出资、集资和向官府"捐廉"等多种形式。

记载于《香山县志》里的第一道桥——"杜婆桥"，就是一位年老的寡妇发起捐建的。

杜婆桥位于沙溪镇涌边村东，始建于距今约1000年前的北宋年间。相传，蒲石渡口旁住着一位寡妇，人们叫她杜婆。杜婆见小河横亘村外，村民进出不便，率先提出倡议。她拿出个人积蓄，又挨家逐户在村里募集，在大家的捐资下最终把桥修好。为了表彰杜婆的辛劳，村民为桥取名"杜婆桥"。

可以说，几乎每道桥的背后，都隐藏着不止一个故事。因而从明代编写第一本县志开始，就把每一条较重要的桥的修建地点、年代甚至修建人的名字，一一记载在了县志里。

清乾隆初年，时任香山知县的张汝霖，还曾亲自动笔，为一道架在县城南门护城河上的石桥的拆建，写了篇洋洋洒洒的《改建南门桥铭并序》。

张汝霖在文中指出："桥而弗利于行，其与无桥几何也！"

若把文章译成现代语，他要说的，其实是以下这些话：县城南门原来有座石拱桥，桥虽古旧，却还牢固。那为什么还要拆建呢？因为，桥虽然架在那儿，但是过桥人却不喜欢它。在这种情况下，有桥跟没桥有什么区别！

原来，原有的南门桥有一大缺点，就是坡度太陡。上桥如登梯，下桥如落坡。无论挑担的、骑马的、坐轿的还是拄杖而行的长者、嬉戏玩乐的小童，都对过桥的辛苦抱怨不已。既然如此，有什么理由反对拆建！

看来，即使在封建时代，涉及民生的事情，还是有商榷、争论的余地的。张汝霖这篇文章，读起来就像现在政府聘请的专家小组，经考察研究后写成的"可行性报告"。

南门桥终于按需求重建起来了，此后一直沿用了300年，直到20世纪30年代拆城修建马路时，才被可通车马的混凝土马路替代。

南门桥是一道石拱桥，在张汝霖活着的那个年代，那已经是高规格的建筑物了。

石拱桥外形美观，养护简便，特别是它的拱形设计，可把垂直向下的重力，转移为楔形石块间的横向压力，因而既可以省却其间部分桥墩，还可以提升桥面高度，便于船艇从桥下通过。邓振铃另一幅民俗长卷《九曲河逝水流年》中的"登瀛桥"，也是一道这样的桥。

一般说来，修桥是为了连接河的两岸，以利人们出行。但也有人故意在平地上挖水面，再于其上架桥，以此作为风景点缀。凡属此类，一定是园林中的风景桥。更有纯粹为了礼仪需要而修建的，学宫前的泮水桥就是个典型例子。

泮水桥位于现今的中山市人民医院大院内，是一座单拱石桥，两旁均有雕花花岗石栏板，栏板的柱头饰以石狮，其工艺的精美，堪称中山现存古桥之最。它原是"学宫"亦即孔庙的附属构筑，位于大殿前、照墙和牌坊之后。在奉行科举制度的古代，它是神圣和权威的象征。在祭祀"大成至圣先师"孔夫子时，尚未考取功名的读书人，只能从泮水池旁绕路走，绝对不允许从桥上通过。

"学宫"于20世纪70年代至80年代拆去，改建为市人民医院。唯一完整保留的，就是这象征昔日辉煌的泮水桥和半月形的泮水池了。

还须指出：在古代中山，小桥流水人家的美景虽说随处可见，但受经费、技术等条件制约，在母亲河岐江上修桥，千百年来依然只能是中山人的梦想。

新中国成立之初，石岐军事管制委员会接管交通工作后，头等大事就是决定在岐江上架起桥来。他们动员石岐商会牵头集资，由南下部队的工程兵施工兴建。1950年10月动工，1951年1月竣工通车。桥为木质结构，长70米，宽4米，几乎贴着水面铺设。为此，桥的中段留了一个缺口，平时用两条趸船把两边接通，到了规定时间，就把木趸船撑开，以便船只通过。

低矮的木桥虽然简陋，但毕竟圆了中山人千百年来在岐江上修桥的梦。汽车可以直接开进石岐，来往岐江两岸的商旅，从此不必乘搭横水渡了。

岐江桥的脱胎换骨，是在1976年。还是那个位置，但木桥变成了钢筋混凝土大桥，桥面也拓宽了，两座龙门式机械吊臂雄踞桥上，到了规定的时间，卷扬机开动，把钢板徐徐吊起，船只就可以顺利通过了。

岐江桥的落成和改建，使千年分隔的两岸终于紧密地连成一片，岐江西岸也迅速地从荒滩泥沼变成了繁荣的商业旺地。

第九节 汽车搭船的日子

新中国成立初期，百废待兴，历史遗留的珠江三角洲陆路交通不便的问题，摆上了日程。几乎与修建岐江桥同时，广中公路的修建工程，也于1951年3月开始动工。

广中公路由国家投资修建，由省交通厅勘测设计，广中车路公司协同中山、顺德、南海三县施工。为此，中山成立了"抢修广中公路指挥部"，县长亲任指挥，土方工程由沿线区、乡政府组织民工施工，木料、沙、石等建筑材料由广中车路公司调拨。其中，中山路段长29.5千米，砂土路面，宽8—9米。仅用了3个月时间，就于同年6月竣工通车。

与岐关公路等县内公路相比，广中公路的修建晚了20年。这是因为在中山和广州之间，横亘着几条大河，解决不了汽车过河的问题，路就没法修。

那时，从石岐到广州，途中必须在沙口、容奇、大良、陈村、白鹤洞等几个渡口前停下来。这些渡口江宽水急，当时还没有条件架桥，只好暂设渡口。汽车开到这些地方，只好老老实实地停下等候过渡。

汽车是怎样过渡的呢？通常，每个渡口都备有一艘以上的"渡车船"，所谓"渡车船"，就是吨位较大的机动趸船，一次可以运载多辆汽车。汽车开到江边，如果渡车船正好候在那儿的话，就让全体乘客下车，然后把车通过跳板开上船，再让乘客上车。船驶到对岸，再连人带车开上岸。所以规定乘客必须下车，是一种必要的安全措施，因为曾发生过连车带人滑下河的悲剧。当然，碰上渡车船在对岸，甚或刚离开这边的岸，俗称"送渡尾"，那就得等候好长一段时间。以上过程在每个渡口前都得重复一次，因此那些年代从石岐开车去往广州，不到100千米的路，花五六个小时是常事。

广中公路沿线的几个渡口，就这样成了公路交通的"瓶颈"。直到1984年才建成沙口大桥，这是广中公路沿线的第一座大桥，随着投资体制改革，通过借钱建桥、收费还贷的办法，到20世纪90年代，终于在所有渡口上修建起可以通行汽车的大桥。大桥通车之日，就是渡车船的退役之时。

注 释

①佛郎机:"葡萄牙"的古译。

②天谱卤:中山方言,天刚亮。

③塘汛:中山方言,昔日,石岐人称十里为一塘汛。

④沙毑:中山方言,粗沙粒。

⑤揩了哥青:揩,中山方言,刺痛;了哥青,中山方言,胫骨前部。

⑥饭鹅:中山方言,即饭团。

⑦天色麻沙:中山方言,天刚亮。

⑧打回头:"捎回"的意思,并非指"退回"。

⑨元:中山口语读作"蚊",有时也写作"文",其实是从英语"money"转化而来的。

中国风俗图志·中山卷

故园忆旧（局部）

第二章 民间艺术·热舞

中山市面积1783平方千米，常住人口323万（2016年），是个小型的地级市。但中山地处珠江三角洲南端，往南便是大海，因而这里成为历次中原居民避乱南迁的终点，广府、闽南、客家和水上（原称疍家）四大族群的共同家园。多元的文化背景，带来异彩纷呈、各具特色的民俗文化。从本章起，本书将用三章篇幅，阐明中山境内文化多元的原因，及其互融相通、和谐共处的历史。至于早期生息于此的古越人，虽然古越作为一个民族早已不复存在，但他们遗留的影响并未完全消失，至今仍可在中山现有民俗中找到若干痕迹。

第一节 南粤古俗蜈蚣舞

邓振铃的《故园忆旧图》，画的是20世纪40年代至50年代的中山。在更早的年代，中山人的生活又是怎样的呢？

距今数千年前，中山还是珠江口外伶仃洋上的孤岛，因岛上的"香山"而得名，人们称它为"香山岛"。

香山可是个好地方！"地多神仙花卉"，这就是古人对它的评价。那时岛上居住的是今天我们称之为"古越人"（也称百粤人、南越人）的先民。古越人上山打猎，下海捕鱼，衣食无忧，但说到与外界交往，就很不方便了，当然外人也不能轻易进岛。这就决定了在很长的历史时期里，古越人走的是独自发展的道路。

中原古籍把生活在南方的少数民族称为"南蛮"，说他们最常见的模样是"断发文身"。意思是说，他们喜欢把头发剪得短短的，任由它随意披在肩上，还喜欢在身上刺花纹。

在《香山乡土志》中，可以读到更生动的描述。

据说，古越人以打猎、砍柴为生，喜欢"蓬头赤脚"，用一幅布横向围在腰间，称之为"桶裙"，男女服饰基本一样。

靠水吃水的古越人被称为"蜑"（音"蛋"），后来演变为"疍家人"。他们"以舟为宅，业捕鱼"，喜欢在水边搭建茅寮居住，称为"水栏"。直到20世纪50年代至60年代，那种以竹木杉皮建造、用禾秆筑墙盖顶的"干栏式建筑"，在中山的沙田水乡和石岐近郊的水上居民聚居点仍相当普遍。

1986年5月，刚挂牌不久的中山市博物馆，派出一支精干的小分队，来到距南朗3千米、当地人称为"龙穴"的海边，进行中山有史以来的第一次野外考古，在沙堤上发掘到非常丰富的陶器和石器。陶为夹砂陶，至于种类，则有敞口、侈口的圜底罐和卷边器座等。石器是用细砂岩石或卵石制成的，主要有砺石、石锛、网坠等。随后的跟进发掘，还找到铜斧、铜戈、铜环、楚式铜剑，以及铸造铜斧、铜剑用的石范，还有不少描上花纹的彩陶片。这些考古资料为古籍上的香山记载，找到了实物证据。

现代中山人寻"根"，竟寻到"龙穴"去了！尽管纯属巧合，而且"龙穴"也只是众多遗址中的一处。近年来，从原属香山辖治的珠海市和澳门等地，相继发现了大批新石器时代的文物遗址，加上与澳门隔海相望的香港彩陶遗址，与广州等地发现的新石器时代遗址，共同构成了一个完整的"珠江文化圈"。珠江流域完全可以无愧地与黄河流域、长江流域、黑龙江流域一起，并称为"龙的传人"的发祥地！

日出而作，日落而息，谁也说不清古越人保持这种状态生活了多少千年。直到公元前200

多年的某一天，亦即秦始皇派兵攻占南粤，赵佗自立南越国王后，首批中原人踏足香山岛，才开始打破那种近乎封闭的平静。

随着中原人的强势入侵，香山岛迅速中原化。时至今日，我们已经无法找到可以确认为古越后裔的人了。不过，不同文化的渗透毕竟是双向的，以古越人为例，我们可以从一种古老的民间艺术——蜈蚣舞中，隐约见到古越习俗的影子。

舞蜈蚣是极其罕见的古越遗俗之一。在南粤，至今盛行"蜈蚣舞"的地方仅有三处，一是潮汕的澄海，二是雷州的乌石，三是南海的西樵。潮汕、南海、雷州，加上曾舞蜈蚣的中山，虽只四个孤点，但连接起来恰是南海从东到西的整条海岸线，加上福建、台湾的蜈蚣崇拜，我们可以做出结论：蜈蚣崇拜绝非偶然。

一种广泛流传于民间的说法，可以帮助我们进一步了解蜈蚣崇拜。老人常说：一物降一物，鸡啄蜈蚣，蜈蚣治蛇，蛇咬鸡。这"一物降一物"的相互关系，是古代朴素辩证法的反映。蜈蚣的存在，既有弊，也有利，因而既要讨好它，也要利用它，这就是南粤先民对"蜈蚣神"的基本态度。

有趣的是，尽管蜈蚣崇拜曾在南粤普遍存在，然而，三地的蜈蚣舞在形式与风格上却大不相同。潮汕的蜈蚣舞是用竹、藤、布、丝绸等制成道具，结构与纱龙相似，重的是形。乌石的蜈蚣舞由人装扮，舞者头戴竹笠，笠上插满香火，双手执点火的香把，随着锣鼓节奏跳，重神不重形。从一幅仅存的拍摄于20世纪30年代的中山蜈蚣舞照片中，我们可以发现中山蜈蚣的每个节肢均扎成扁平的石磨状。这种结构与造型的独特性，恰可证明它的地域性与原创性。

有民间老艺人指出，蜈蚣舞的道具原先应该是一只大型的纸扎风筝，先绑上木柄游行，然后除去木柄到野外放到天上。因为纸质（或薄绢）难以保存，所以第二年还要再扎，几年不扎，就难免失传。中山在20世纪30年代至40年代，确实曾由当时的县民众教育馆策划，多次在烟墩山上举办放风筝比赛，其中一种巨型的蜈蚣风筝不止一次获得全场冠军。很可能，这幅照片所拍摄的正是一只应邀前往澳门参加民间艺术巡游的巨型风筝。

五桂山区的部分老人也说，过去那里确有舞蜈蚣和舞火龙的习俗。

五桂山现今是客家的聚居地，客家人怎会盛行古越习俗？不要忘记，香山本是古越人的聚居地，客家人是迟至明末清初才迁徙到那里的，入乡随俗，那是一点也不奇怪的事情。

扎大型的纸扎蜈蚣，耗时耗料，费用不菲，因而在一般年份，就可能选用替代物，例如把农家的竹篸收集起来，用麻绳或竹苈串接，加上简易的头尾，权充"蜈蚣舞"道具。

1945年10月，中山隆都地区群众以传统的民间艺术巡游庆祝抗日战争胜利。岭后亨村用50个畚箕（篸）反背串绳加上纸扎，扎成一尾蜈蚣参加巡游。舞者双手执篸，时而蜿蜒而行，时而排成一字。纸扎蜈蚣在灯火闪亮中栩栩如生。岭后亨村故老相传：蜈蚣出巡，百足生辉；国泰民安，风调雨顺。

有证据表明，在古越人心中，蛇与蜈蚣本是孪生子，所以祭祀仪式与礼器是可以互相仿效乃至借用的。其后演化为一贵一贱，那就非古越先民所能预料的了。

蜈蚣崇拜虽说现已式微，但在远古，流行地域其实相当广阔，范围几乎囊括长江以南的整个沿海地区。

后期的民族交往过程中，古越人最终与汉、壮、苗等民族融为一体，因而蜈蚣舞等少数尚能确认的古越习俗，便如同化石般珍贵。

第二节　中原古俗扒龙舟

秦始皇统一六国后，命令屠睢、赵佗率领50万精兵攻打南粤。南越部族各自为战，虽顽强抵抗，还利用熟悉地形的优势，曾一度击败秦军，甚至杀秦主帅屠睢，但最终还是被征服了。

秦末群雄割据时，赵佗自立为南越武王，定都番禺，也就是现在的广州。

赵佗从改变越人的装束、习俗做起，努力让汉、越两族和睦相处。在这一点上，他对南粤的社会发展是做出了贡献的。

随后，中原人纷纷进入香山岛，这些人就是现今被称为"广府人"的祖先。其中有位名叫陈临的中原人士，立志改变落后的"蛮俗"，年纪轻轻就被推举为孝廉，后来官至苍梧郡太守，成为史册上的第一位香山人。《广东通志》称他"推诚而理，导民以孝弟（悌）"，意思是说他在治理政事时带头讲究诚信，同时引导老百姓在处理人际关系时要孝顺父母、友爱兄弟，而这正是中原文化"以孝治国"理念的核心。

随同陈临等进入香山的，还有五月端午扒龙舟（也称"赛龙夺锦"）这一中原古俗。

一般认为，"扒龙舟"起源于战国时代。忠君爱国的大诗人屈原投河自尽后，楚人为了拯救他，出动了所有船艇。同时为了不让鱼类伤残屈原的躯体，又投入用粽叶包裹的米团，这就是公认的赛龙船与裹粽习俗的起源。

其实，古越先民本就以龙为图腾，在原始时代已经盛行竞渡，最初只是把龙刻画在船艇上，其后演变成装上龙头龙尾的龙船。香山是古越故地，在中原"扒龙舟"习俗传入前，当地土著用自己的方式"扒龙舟"也完全是可能的。

目前，在中山市范围内，除以石岐、小榄、黄圃等历史名镇为中心举行的端午龙舟竞渡活动外，古镇、东凤等原疍家人聚居的沙田地区依然盛行"五人飞艇"活动，这很可能也与古越习俗有某种程度的关系。

"赛龙夺锦"一般于农历五月初五端午节举办。《香山县志》对此记载如下：

五月端阳，以粽祀神。龙舟竞渡，画船采色。

龙舟通常用数丈长的原枝坤甸、柚木等优质木料制成，木质坚韧，耐腐蚀，但不耐晒，所以平时要把船身深埋在泥涂中，启用前才从泥涂中挖出。

据屈大均《广东新语·事语》记载：

四月八日浴佛，采面莊榔，捣百花叶为饼，是日江上阵龙舟，日出水龙，潮田始作。

《香山县志》也说，古人在四月初八把龙舟从河底挖出（俗称"起水"）。从这天起，一直划到端午节甚至五月二十。由此可见，当年人们其实是把扒龙舟视作娱己娱人的群众性文娱体育活动的。不然，端午节时，锦旗、金猪就已确定了得主，还扒龙舟直到五月二十干什么？

龙舟既然与神灵相关，相关传说自然会带上许多神秘色彩。例如张溪乡的"麦龙"，据说

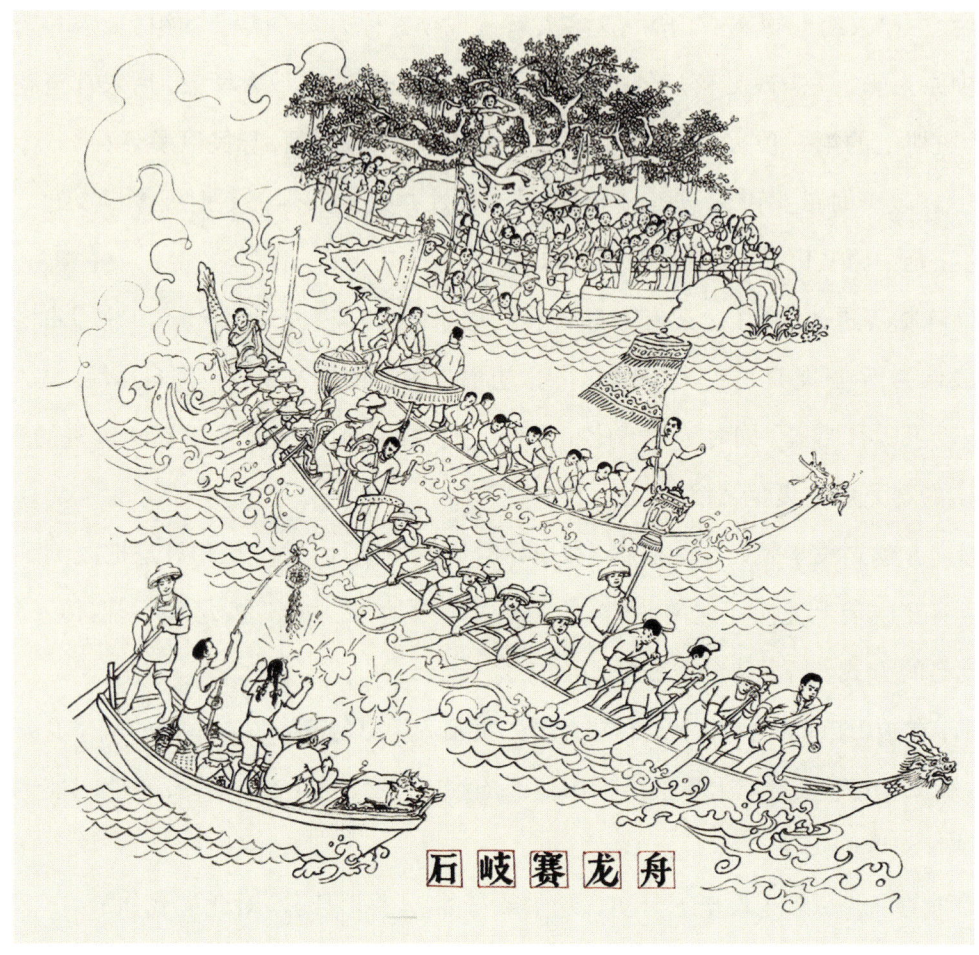

石岐赛龙舟

订制之初，乡民到外地选购木材时，发现早有人用他们的名义把木材订下，木材店说起那人的模样，竟和麦相公（该庙供奉的主神）一模一样，可见是麦相公亲自挑选的。现在看来，这只是庙祝用以激励士气的手段，虽属迷信，当年却确实有效。也许，端午节前，扒龙舟只为娱乐，所以称之为"趁景"。真正的赛龙夺锦，是在五月初五端午节举行的。

龙舟由龙头、龙身、龙尾三段组成，船身多涂黑色，但也有不惜工本刻龙鳞、贴金箔的。具体设置如下：龙头后分设左、右两个单舱座位，带桡；龙尾前也设两个单舱座位，坐正、副掌舵人，中山的传统龙舟一般7丈7尺（老尺，相当于30.8米），船身设24列双排座，配锣鼓手，负责指挥节奏和速度。"龙船"下水前，必须在所属庙宇举行祭祀，名曰"旺龙"。仪式的流程是，先由道士于潮水上涨时焚香化宝，贴符念咒，祈求顺风顺水。其后以公鸡血在龙头上"点睛"。放鞭炮后，在锣鼓声、呐喊声中来回划几次，目的是娱神。其间不准孕妇观看，以免亵渎。礼成后，村民们争舀"龙舟水"洗面、洗澡，以求驱邪避灾，身体安康。

龙舟有"文船""武船"之分。"文船"不参加竞赛，船上置罗伞、高标、彩旗、铜锣、大鼓、菩萨神龛。一人站船头，手执绳索牵动龙头，龙头后插上写着庙宇名称的木牌。船尾也站一人，手执三角大彩旗。出航时罗伞转动，唢呐吹奏，鼓乐齐鸣，桡手们身穿白线衫，腰系沙带，头戴小竹笠，跟随鼓点节奏轻划慢扒，并不时整齐旋转木桡，以增强观赏感。龙舟过处，欢呼声、呐喊声、鞭炮声响彻云霄，这就是民间所说的"游河"。

"武船"是比赛用船，为求轻快，不设罗伞、彩旗，只设锣鼓，用来指挥划桨节奏。为获得良好成绩，通常会挑选身强力健者在赛前进行封闭式训练，其间不准回家。受训者先是坐在陆上的木凳上，跟随鼓点练习臂力、桡法，继而到江河参与实地训练。

一首流传至今的民谣，生动描述了当年龙舟竞渡的盛况：

> 五月五，是端阳，朱砂黄纸写符章。香包挂在襟头上，绸裤纱衫好在行。但见龙船长十丈，锦标罗伞共辉煌。鼓声震动冲波浪，水色娇娇艇内装。紫洞船头绷布帐，游河公子坐船舱。渡头拥挤人来往，热闹繁华又一场。

第三节 隆都古俗鹤歌鹤舞

第二批进入香山的移民来自福建。在中山市范围内，以闽语为母语的，主要有沙溪、大涌、三乡和张家边等地。

沙溪和大涌过去合称隆都，住在那里的人，说的都是闽语系的"隆都话"。若依常理推测，隆都人的先祖应从闽南沿海顺流而来，但事实并非完全如此。翻看沙溪、大涌各姓氏族谱，除少数注明来自福建莆田外，大部分都不涉及闽南，而是自称于宋、元、明各代从粤北南雄珠玑巷或东莞、新会、南海等地迁来。

这就令人产生疑问了：经珠玑巷南迁的，一般都说广府话，为什么沙溪、大涌人说的却是闽语？

从秀山、象角等村遗留的村落遗址看来，远古时，沙溪一带的水边山侧，已有古越先民定居。大约自唐代起，闽南、粤东一带渔民，或为风浪所驱，或为兵燹所累，先后到此躲避，后来定居下来，逐渐形成小规模的村落。南宋末年，由于避乱，大批中原人士涌入岭南，彻底改变了隆都居民的构成比例。

语言演变通常遵守一条规律，那就是弱势语言让位于强势语言。为与先来者沟通，后来者必须学习当地语言。然而，沟通从来都是双向的，于是原来的闽语也发生了变化。

在民俗和民间艺术方面，我们甚至还能找到或明或暗的古越习俗的残留痕迹，那就是南粤人的鸟雀情结。

神话里那场发生在上古时期的"炎黄之战"，自北而南的一方有熊、罴、狼、豹，清一色猛兽图腾；自南而北的一方有雕、鹰、鸢、隼，挥舞着飞禽旗帜……

自北往南而来的是黄帝部族，自南往北而去的是炎帝部族。神话传说中的这场决战，直到打得天昏地暗，日月失色，才最终实现了统一。史书上称之为"汉"的民族至此大体形成。

考古学告诉我们，数千年前的神州大地非常温暖潮湿，森林密布，南方尤其适合鸟类繁衍生息，因此当时被称为"南蛮"的南方人，通常以凶猛、敏捷的飞禽作为部落图腾。

相关实物证据也证明，近年在珠江口出土的一只彩陶碗，就赫然刻着凰的图案，那显然是土生土长的古越人的杰作，时间距今大约为5000至6000年。

5000年后的今天，已经没有谁再把雀鸟视为自己的老祖宗或者保护神了。作为痕迹保留下来的，是一份浓重的雀鸟情结，于是虚拟的（例如凤凰），或者经过神化了的（例如仙鹤）雀鸟就成了祥瑞的象征。

在古代香山，最具特色的鸟类舞蹈当数白鹤，沙溪镇申明亭村的鹤歌和鹤舞，就是与鹤相关的民间舞蹈的独创样式。

鹤歌

中山人历来爱鹤，东区的大柏山，甚至隆重地立了一面禁打鹤碑，香山官员在碑文中声称：若有人进村打鹤，势必"按例严办，决不宽贷"！

鹤"仙风道骨"，象征着出尘高洁、健康长寿，所以又称"仙鹤"。一句"松鹤延年"，就是对长者最好的祝福语。

早在宋代，就有一位隐逸派诗人林和靖自称"梅妻鹤子"，终身不娶。20世纪初，著名的中山籍音乐教育家、上海音乐学院的创始人萧友梅，也取字"思鹤"，将他的名与字相连，就可以发现其与"梅妻鹤子"的渊源。

这里重点要说的是申明亭村的鹤歌和鹤舞。

由于重学、劝学，而当地又是白鹤栖息地的缘故，申明亭人认为，"鹤""学"谐音，因而

"鹤"可以作为"学"的象征,后来更在学堂里"唱书歌"时悟出了以"省岐隆"腔演唱的鹤歌,随后又请擅长扎作的师傅扎出道具白鹤,创作了鹤舞。

鹤舞的道具,是一只艺人可以藏身其中的纸扎白鹤:竹扎鹤身,外糊白纸,还备有一条可以活动自如的布制脖颈。演出时,藏身其中的艺人双手不断鼓翅,双腿模仿鹤腿的动作,初时还只是在村中举办祭祀祖先时随着旗幡出巡,名为"出鹤"。20世纪50年代初,村民们要到省里参加民间艺术会演,表演鹤舞。县文化馆干部觉得只让"鹤"在大街上巡游不免单调,便与村民们商议改进办法,编成名为"鹤蚌相嬉"的节目,于是申明亭鹤舞第一次以崭新的姿态在观众面前亮相。

新编的《鹤蚌相嬉》化"鹬蚌相争"的戾气为祥和,除保留传统的白鹤和作为开场曲的鹤歌外,还增加了村姑饰演的蚌娘,以及伴随嬉戏的金鱼仙、田螺仙,以锣鼓和广东音乐《得胜令》《赛龙夺锦》等伴奏,场面十分热闹。

自20世纪50年代起,沙溪鹤舞多次应邀赴外地表演。2003年,韩国举行第三届国际民族鸟类假面舞大会,鹤舞在艺术表演中大获好评,它那可以"活动自如的脖颈",使其在当时所有直着颈项而舞的各国雀鸟中独领风骚。

中山的鸟雀类舞蹈,除申明亭村的鹤舞外,还有象角村的凤舞。凤舞的起源可以追溯到晚清的同治年间。据说,由于象角村中发生瘟疫,为了祛灾弭患,村民从佛山引进一条金龙。其后,村民彭述觉得仅舞龙还是不够,必须增添一头凤,才可营造出"龙飞凤舞"的祥和气氛。他亲自动手扎凤,还经常到河堤、塘基观察雀鸟的飞翔、觅食、嬉戏,终于从中悟出一套凤舞的基本动作来。

凤舞所用的道具,结构大体与鹤舞相似。在沙溪象角,凤与龙一般同时出动,再配以鼓乐、笙、箫,近年又扎了一批小凤,游龙嬉凤,翩然起舞,煞是好看。

象角凤舞在粤港澳一带名声很大,据说,某次在澳门演出时,一名正在高台表演的艺人刻意卖弄,不慎在舞台边一脚踏空。他急中生智,慌忙张开凤翅,最后竟安然滑翔着地,顿时赢得轰天喝彩。观众只知道他技艺超群,却不知是险中求胜。

现在该说鹤歌了。对此,《香山县志》记载如下:

> 元宵灯火装演故事,游戏通衢,舞者击鼓,以三为节,歌者击鼓,以七为节,又春宵结队彼此酬答,曰唱灯歌,又曰唱鹤歌。

"鹤歌"或许是各地民歌中，最难为外乡人所掌握的民歌。它曲调并不复杂，难就难在不用隆都人特有的"省岐隆"腔就没法唱。

在日常生活中，隆都人说的是隆都话，那是先民从福建辗转迁入时带来的闽语长期演变的结果。那为什么他们演唱鹤歌，却要摒弃日常用语，偏要使用掺杂着广州、石岐、隆都三种口音的"省岐隆"腔呢？原来，这与他们热爱读书有关。

自古以来，沙溪人好学成风，尤以申明亭村为甚。清代中叶，为了提高子孙们的学业水准，他们请来南粤的三大才子到村中执教。那三位并列"才子"的宋湘（嘉应人）、黎简（顺德人）、冯敏昌（钦州人）不仅诗书画远近闻名，而且还精通音律。这些来自省城的宿儒，授课时，自然用的是俗称"白话"的广州话。带领学生唱诵诗词时，同样规定必须用白话。不是老师不肯迁就，当时，读书在很大程度上是为了考取功名。若不从小学会白话，将来进城考乡试、省试，乃至赴京让皇帝面试，还说旁人听不懂的隆都话，便难以金榜题名。

隆都人学广州白话不易，原因很多，其中之一就是隆都话发音时缺少某些声母（例如F）。由于缺少F，即使让他重读一千遍，还是会把"花"读成"蛙"，"翻一翻"读成"弯一弯"。更有甚者，那些年交通不便，真正能说一口流利、准确的白话的广州人很少到隆都来，隆都人较多接触的其实是同属白话语系的石岐人。石岐话虽与广州话互通，其实也有明显区别，例如广州话中的9个音调，在石岐话中就只保留6个。隆都人既然接触广州人少，那就只能跟石岐人学讲石岐话。到后来，隆都话、石岐话、广州话混杂在一起，隆都人在与外人沟通和读书吟诵时，自然而然地就用上了那种独一无二的"省岐隆"腔。

过去，申明亭人每年都要在杨氏大宗祠前斗歌。先在村内的空地上搭起高台，其上放着纸扎的白鹤，摆好桌椅、茶水，并设一锣一鼓，由一位公认有才华和应对能力强的歌手为歌趸（即"擂台主"）登台应众。此时，村中灯火一概熄灭，好让斗歌者看不清歌趸的真面目。接着，斗歌开始，歌趸上台开唱，欢迎村里村外的人前往挑战，内容从天文地理、历史传说一直唱到花鸟虫鱼，海阔天空，无所不包。一问一答，颇似知识竞赛。参与斗歌者，必须遵守如下规则：歌趸登台，锣鼓手即连敲八下（称之为一击），此时，前来挑战的歌手便得开腔。三击仍唱不出，就须认输。

歌趸唱的第一首歌，称为"开场歌"，内容大抵是颂祝太平盛世，祈求风调雨顺之类，接着正式向应战者抛出问题。比如，若以"四大美人"为主题，他就有可能唱：

鹤舞

> 今晚歌台逢知己,劳君指导意何如?
> 借问古时四美女,乜名乜姓告顽愚。

台下歌手若是知道答案,就会这样回应:

> "羞花"玉环痴帝王,爱国西施伴"沉鱼",
> "闭月"貂蝉乱董吕,昭君和番"落雁儿"。

接着,挑战者反客为主,用鹤歌给台主出题,如此相互诘难,直到哪一轮有人答不上了,那人就算落败。

"省岐隆"腔流行的范围很窄,外乡人很难学会,因而不可能流传开来。倒是伴鹤歌而生的鹤舞,赢得不少观众喜爱,频繁应邀出访,载誉而归。

第四节 源自客家的麒麟舞

客家人进入香山,比先到的广府人和闽南人足足晚了1000年。

中山市内的客家人主要聚居五桂山。客家族谱表明,最早的一小批客家人,是在明末清初从嘉应(今称梅州)迁入五桂山的,但更多的客家人,却是在清乾隆、嘉庆,甚至咸丰、同治年间才迁入的。

历史上,为了避乱,客籍先民从河洛地区往江西、福建、广东,乃至香山方向迁徙,每处都数他们到得最迟,都面临水土肥美之处被先来者占住的窘境,因而客家人形成山居传统。为了自我保护,他们注重修文习武,族群抱团。半封闭的状态,造成他们顽强保留族群方言习俗的群体性格,刻苦耐劳,刚直不阿。《香山乡土志》所载的一个例子很能说明问题:清代"科举未废以前,香山学额二十名内客籍二名",但是香山客家人并不满意这种貌似"照顾"的安排,他们聚众入禀学使,提出不要这两个铁定的名额,全县与住在县城和民田地区的学子一起参加考试即可,公平比试,按真实学问录取。《香山乡土志》赞之曰:"此事为二族混合之一大关键。"客家人的自信、自强本色于此可见一斑。

麒麟舞为客家人首创。传说中的麒麟,雄性称麒,雌性称麟。身躯似鹿,尾巴似牛,周身覆盖着鱼鳞一样的鳞片。

与龙凤的产生过程相似，古人以鹿为主体，把他们所喜爱的动物的优良品质，以东方人惯用的肢体象征的独特方式，逐一拼接，组装成超自然的神兽，这就是流传至今的麒麟。其象征意义十分明显，长着牛尾巴，说明它具有牛一般的奉献精神；长着马足，所以像马一样忠诚、勇敢；浑身覆盖着鱼鳞，所以不仅能让人"年年有余"，还具备了像鳌鱼那样承载"海上仙山"的神力。

对黎民百姓而言，龙、凤虽然尊贵，却高高在上，不容人亲近。相比之下，麒麟更像一位文质彬彬的谦谦君子。因此，与其说麒麟是民族的"图腾"，不如说是根据"天人合一"思想构想出来的吉祥物。

麒麟舞广泛分布于全国各地的客家族群聚居地。由于地域和文化背景不同，所用道具的形态、材质，以及仪式、舞步等都有很大差异。仅在广东，就有以惠州小金口为代表的东江麒麟舞、以东莞樟木头为代表的客家麒麟舞、以广州番禺为代表的黄阁麒麟舞三大流派。即便在中山，也同时存在崖口、黄圃、三角三种风格各异的麒麟舞。

有趣的是，麒麟舞这种典型的客家动物舞，在中山的主要传人却是沙田地区的水上居民。不过，那里的麒麟舞，其实都是由到该地设馆的客家教头传授。

在中山，最早见诸文字记载的是崖口麒麟。崖口麒麟曾于1934年偕同崖口飘色一起到澳门访问，近年却较少露面。目前，中山的麒麟舞主要盛行于黄圃和三角。

黄圃麒麟舞主要流行于横档村，始创于明末清初。据村民追述，它起源于一位来自东莞的教头，他到横档设馆传授武术，也把麒麟舞从东莞带了来。

在过去，但凡大型民间艺术，若要生存、发展，都必须在现实生活中找到依附，麒麟依附的，就是当地的庙宇。由于麒麟比狮子尊贵，不能将其视为玩物，因而横档人对麒麟的出动十分郑重，必先到村中庙宇拜祭，把写着"火"字的红纸倒转，贴在神位前，寓意是代神教诲：舞麒麟千万不要逞强，不可意气用事，横生事端；此外，又在神位旁贴上一副"拳打南山猛虎，脚踏北海蛟龙"对联，以示麒麟的威武。威武且行事时必守规矩，这就是瑞兽麒麟的本色。

每逢岁时节庆，就是麒麟出动的日子。到那时，家家户户都会在门口张贴"麒麟在此"纸条迎接麒麟的到来。稍富裕的商户和家庭，还会请麒麟采青，以求吉祥。每当新船下水、新屋上梁、新铺开张，麒麟是非请不可的。青年男女举行大婚，则把"麒麟在此"的红纸张贴床头，期盼有朝"麒麟吐帛"，给家中送来一个长大如孔圣人那样有出息的"麟儿"。

黄圃麒麟舞

麒麟"采青"形式多样，仅名堂就有"桅杆青""蟹青""蛇青""蜈蚣青""七星伴月青"等多种，尤以"桅杆青"最具水乡特色。

这里得对一些术语稍做解释。所谓"蟹青"，就是要求采青者在采青时模仿吃蟹的次序：先采蟹钳再采爪，然后设法用脚把蟹弄个腹部朝天，这才可以把藏在"蟹肚"的"利是"叼出来。当然，此"蟹"并非真蟹，而是用面盆做蟹背、锅铲做眼、筷子做爪摆设而成的，但是舞麒麟的人却必须把它视同真蟹看待；难度更高的是"采高青"，采青人仅仅凭着从桅顶垂下的三条绸带，爬到桅杆或茅竹的顶端将"青"取下来，没有功夫根底加上足够的胆色是办不到的。

在横档，麟、狮共舞是常见的事。麒麟身为"四灵"之首，所以麟狮相遇，狮子总得让开

三角麒麟舞

一侧,礼让麒麟先行,以示敬意。麒麟过闸门时可以大摇大摆若无其事,狮子则必须前后跳避两次,才敢缓缓通过。当地人说,这就叫"大胆麒麟无胆狮"。

由于寓意吉祥,又有可观性,横档麒麟舞很快成为邻近地区仿效的对象。20世纪40年代时,横档麒麟队曾到近邻番禺黄阁拜年,意在扬威。黄阁不甘示弱,当年就决定集资组建本村的麒麟队,这就是黄阁麒麟的起源。

三角麒麟与黄圃麒麟大致同源,不过,两地的麒麟舞却各有所重。黄圃麒麟舞着重表现的是"王者霸气",三角麒麟则更重视麒麟的"儒将风度"。

相传,清代末年,三角村民曾请东莞教头前来教授麒麟舞。此后,每逢春节正月初一至十五,各村的麒麟和狮子都要出动,为的是祈求风调雨顺、出海平安。

三角人有一套属于自己的麒麟扎作技术。每到农历腊月,艺人就忙于扎作麒麟。腊月二十八,将麒麟送到"风火院"的麒麟祖师牌位前为它点睛、开口。农历年三十晚,村民们舞着麒麟，集中到村前的大树下拜祭土地，烧过爆竹采过青，然后敲锣打鼓回到祖师的牌位前，把"青"吐出奉献给祖师。拜过祠堂后，从正月初一起至十五，麒麟挨家逐户到村民门前为村民祈福。所到之处，必受到燃点爆竹的欢迎。

三角麒麟由头、被、尾三部分构成。麒麟头用竹篾扎作，扎好骨架后，糊上玉扣纸和砂纸各两层，再在脸部上彩、描图，然后接上另一个同样由竹篾扎作的麒麟身躯，披上麒麟被（布质，白底红面，其上用五色线绣鳞片）、麒麟尾（用藤条扎作），这头麒麟就可以舞了。三角麒麟舞以洪家拳和莫家腿为功底，基本舞步则有虚步、鹤立步、丁字步、弓步、麒麟步、托举等，比较重视刻画麒麟这种中国传统神兽的儒雅神态。

第五节 民田地区的醉龙舞

在中国人心中，龙有着极其重要的地位和巨大的影响力，是中华民族的象征。在封建年代，龙代表帝王。那时，龙长期为皇家所垄断，皇帝自诩"真龙"，只有皇族才配穿龙袍，使用以龙为装饰的用具，民间是不能自称"龙裔"的。若有谁不识好歹，那叫"僭越"，轻则梃杖，重则招致杀身之祸。

长期以来，国人公认自己是炎黄子孙，若往上追溯就会发现，伏羲、女娲在图画中的形象都是人首蛇身，汉代砖刻和唐代丝绢画《伏羲女娲交尾图》等可以为证。交尾，表明他们是中华民族之祖；女娲手执圆规，伏羲手持直角尺，表明炎黄族系最早的"规矩"，就是由这两位老人家制定的。图中的蛇尾，并非真说他俩"人首蛇身"，而只是表明，他们是蛇（龙）氏族的最高首领，所谓蛇尾巴，其实只是氏族的标志而已。

龙的地位尊贵,各地以龙为题材的民间艺术类型自然多似天上繁星。在中山,仅是以"龙"为题的民间舞蹈,就有起湾金龙、六坊云龙、沙溪金龙银龙、张溪金龙、崖口板龙、醉龙等多种。其中,醉龙更是国内独此一家,格外引人注目。

醉龙俗称"舞龙船头",农村地区则称为"木龙",也叫"柴龙"。

醉龙是古代香山特有的民间舞蹈。过去,每逢农历四月初八,庙宇总要"请"出龙船的龙头、龙尾参与菩萨出巡。这就是民谚所说的"四月龙头随街绕"。清末民初中山学者郑彼岸在他的《新新乐府·四月八》中,有这样的描写:

> 四月八,拜菩萨。家家做饼捣栾茜,捧出蒸笼热辣辣。……何来一个伯爷公,人面龙头一样红,拈起木龙来乱舞,居然姿势似游龙。

请注意,郑彼岸强调它的"醉",但却依然称它为"木龙"。由于龙头笨重,又多了个榫头,只能让醉汉双手捧着,跌跌碰碰地沿街舞动,成年人追随哄笑,妇女儿童见了则慌忙躲避。为提高观赏性,有人仿照龙船头的式样,制作了一批重量较轻、专用于街舞的木龙,这就是源自石岐上基康公庙鱼行(其成员大都为张溪乡人)的"舞龙船头",流传到澳门后,改称"醉龙"。

关于醉龙,《香山县志》记载如下:

> 四月八日,浮屠浴佛,诸神庙雕饰木龙,细民金鼓旗帜,醉舞中衢,以逐疫,曰转龙。首插金花操木龙而舞,异酒随之,有醉至死者。

中山的"木龙"家族相当庞大,以现今石岐为中心的民田区,凡有龙舟的地方,都有它的踪迹。近年在长洲、张溪、沙溪象角、大涌南文和濠头等处,都找到了昔日留下的木龙,濠头村的木龙,更刻有"同治戊辰"(1868年)字样。

关于醉龙起源,版本各异,大抵分为三个类型。

一是漂来说。某渔民屡次撒网,都只捞得一个颇似龙头的树头,于是默祝:"如是真龙,当保佑我渔获丰收。"此后,这位渔民果然网网丰收,于是渔民把树头送到庙中,请人雕刻成龙头,岁岁供奉,并于每年四月初八浴佛节随街而舞。此说源出于濠头。

二是祛疫说。某年,香山县发生大瘟疫,灵蛇口衔栾茜叶为村民治病,不幸被误杀,但瘟疫终赖此药草得以驱除,而断蛇也因感天动地而化为飞龙。此说主要流传于张溪、沙溪。

醉龙舞

澳门的醉龙是由原籍张溪的鱼贩带到澳门的,所以也盛行此说。

三是沉龙说。相传,长洲乡原有一条龙船名叫"鸡龙",此"龙"极有灵性,每到赛龙夺锦的关键时刻,总会从船底伸出鸡爪协助划船,所以逢赛必胜。直到某年因法师吃狗肉亵渎神灵,导致龙船在江心沉没。此后该乡不扒龙船了,但仍于每年四月初八举行祭龙和舞龙船头的仪式,并将这一习俗演化为醉龙舞。

直到1950年,石岐康公庙仍于四月初八出动醉龙,其后,由于被视为"封建迷信",庙被挪作他用,木龙从此销声匿迹。

澳门醉龙舞的最大贡献,就是把短而脆的木质龙角改为长而韧的真鹿角,这一改不仅造型美了,而且也便于舞者手执龙角,舞出更多高难度的动作。

醉龙舞通常在农历四月初八举行。主要仪式有拜祀、插金花、请龙、三拜九叩、喝酒、席间舞龙、灌酒等。巡游时,常可以听到舞龙人大吼"生"字。这是因为按照张溪一带的传说,灵蛇被斩成数段后(早年的醉龙一般分三节,甚至更多,近年则缩减为首尾两节)曾在水中痛苦翻腾,最后才重新衔接,化为巨龙冲霄而去。高呼"生"字,实寓舞龙人对灵蛇的激励和赞叹之意。

2000年前后,为了恢复这一香山特有的民间艺术,中山文化部门两次组团访问澳门鱼行。其后,经宣传发动,不少深藏民间的木龙传人纷纷现身,其中尤以西区长洲乡最为热心,不仅重新组队,还在培养新人、添置新龙、编排套路方面下了不少功夫。

2008年6月,国务院正式把中山醉龙舞列入国家级非物质文化遗产名录。醉龙舞成为中山的重要品牌,表演者多次组队参加上海世博会、广州亚运会等大型活动的展演,还曾组团访问澳大利亚、悉尼等地,成为促进中外文化交流、彰显中山文化的亮丽风景线。

第六节 象征中华民族的龙舞

在中国神话中,龙善变化,能隐显,兴云布雨,利泽苍生,还与白虎、朱雀、玄武并称为上应星宿、下应地脉的"四象"。据此,龙崇拜势必与占卜、堪舆(亦即所谓"风水")之术联系起来。于是,什么时候舞龙、舞什么样的龙,就成了学问,以"五行"(金、木、水、火、土)学说为理据的"龙"属性的区分也就应运而生了。

在中山人眼中,"金龙"就是纱龙。纱龙并无统一规格,但都用竹篾扎龙头,马鬃毛作龙须,水松木作龙眼,有的还在龙眼镶上小电泡,使之能在夜间发光。然后装龙角,龙身则是一节节用竹篾编织的鸡笼状支架,节数一般为单数,到"出龙"前夕,再为龙披上"龙被","龙被"上缀满"龙鳞",那是用布料裁剪成的。"龙被"的底部是"龙裙",一般涂上(或缝上、贴上)白(或金)、青、黑、赤、黄五色,以对应大自然的金、木、水、火、土,有的还加缀小铃铛。最后再装龙的上下肢(爪)。有的龙还会"变色"。白天是蒙上厚布的金龙,到夜晚则换上薄纱缝制的"龙被",点亮藏在龙身内竹筒中用蜜蜡制作的蜡烛(现代多改为小灯泡），就成了通体透亮的"纱龙"。

东区的"起湾金龙"是龙中的巨无霸，共23节，总长68米，仅龙头就重40千克。因而每次出巡，连替补在内，至少需安排200多人手，而且只能"走龙门，打龙阵"，所以又称"游龙"。

中山"金龙"中，古镇的"六坊云龙"名气最大。1935年，"六坊云龙"演出团队曾应邀前往香港，参加"英皇银禧大典"，获全场总分第二名，赢得"猛字旗"。"六坊云龙"白天看起来与其他"金龙"无异，也在走龙圈、龙戏珠、跃龙门……一到晚上，特点立刻显现。首先是金龙舞动速度极快，龙体内点燃蜡烛后在漆黑的夜色中通体透亮、银光闪闪，加上村民别出心裁地在场地四周熏烧禾秆，形成浓厚的烟雾，于是整条龙恍惚在雾霭中翻腾，给人留下"见龙不见人"的印象，"云龙"的大名由此而起。2011年6月，"六坊云龙"正式列入第三批国家级非物质文化遗产名录。

南朗镇崖口村的"板龙"是"金龙"的变种。大概由于崖口村靠海，与水特别亲近的缘故，因而在"金龙"的基础上刻意增添"木"的成分，"水生木"，"板龙"得水，精力自然越发充沛。崖口板龙的独特之处，是龙身和龙被都是用木板一块一块拼出来的，拼成后，再于其上绘龙鳞。这样的一尾木龙，当然比布料制作的龙重得多，所以也只用于巡游。近年，崖口人对传统的"板龙"做了一些改革，以纸板代替木板，龙被也改用布料，龙鳞则用铜片制作。龙身轻了，动作自然灵活得多，外观也更加亮丽了。

中山人所说的"木龙"就是醉龙，"水龙"就是龙舟。

至于"土龙"，能以什么艺术手段表现，就颇费脑筋了。

烧制一尾陶瓷巨龙摆上屋脊不难，但总不能手捧它在街上舞吧？现实生活中，很难找到与"土"匹配的"龙舞"。沙溪龙聚环的"柴龙炮"或许可算一例，但也只是采用了间接的形式。

要说清"柴龙炮"是什么，须从"花炮"说起。过去，珠江三角洲盛行"抢花炮"。所谓"花炮"，其实是一盏用竹篾扎作的大型纸扎花灯，其上绘有神佛、英雄传奇故事等。"花炮"本身是不能抢的，一抢就碎。所谓"抢"，其实是通过竞赛的方式赢取它。

"抢花炮"活动，原来多在农历二月初二"土地诞"举行。"抢花炮"的属性为"土"，就是由此附会而来的。

斗转星移，人们后来常把"抢花炮"改在四月初八举行，祭祀土地公的初衷反而被淡忘了。

所谓"抢花炮"，其实就是用"地趸炮"（一种类似爆竹的土装置，主要用于放礼炮）把

起湾金龙舞

空芯的铁球射出，任由众人追过去"抢"。抢到后，把球打开，可以找到一张注明哪一盏花灯的纸条。据说，谁得到它，神灵当年就会福荫谁家。这一过程紧张刺激，但也有一弊病，就是容易引发群殴甚至武馆之间的纠纷。为此，主张"和为贵"的龙聚环人，改用一种非常"斯文"的方式来决定"炮"的归属。程序大致如下：四月初七（或更早），"炮会"成员先在龙环古庙"罗山牛王力士大将军"神像前卜杯，得"胜杯"多者即为"炮头"，职责是收齐各家捐献的"炮金"，作烧金猪及聚餐之用。初八凌晨，先发"地趸炮"三响（不带铁球），"炮友"身穿红绸背褡，腰扎纱带，拜祭"牛王"后抬"炮"巡游，柴龙则紧随其后，谓之"洗街"，意即游遍村中。游毕，下午再在神像前卜杯，得"胜杯"多者即可拥有当年的"花炮"，由"炮友"连人带"炮"在八音吹打伴随下护送回家，"花炮"归他所有，但他得在来年抢炮时，提供一个新的"花炮"供下届用。到这一步为止，仍然"炮"是"炮"，"龙"是"龙"，并未合并为"柴龙炮"。那么，"柴龙炮"是怎么出现的呢？

原来，龙聚环本是一个小村落，年复一年举办"抢花炮"，费用不菲，"炮会"渐感难以为

第二章 民间艺术·热舞

六坊云龙舞

继。到清光绪年间，有人提出，何不立条新的村规，在举办"抢花炮"活动当天，允许舞龙人以柴龙追"打"他人屁股，被"打"者即被"踢"进"会"中，自动成为"炮会"中的一员，从此也要承担会费。人多了，经费问题自会解决。此议一出，立刻得到长老们的赞同。于是，举世无双的"柴龙炮"就在龙聚环村出现了。

最后说几句"国际标准龙"。这是近年才出现的，其实是小规格的纱龙，长20米。造型与套路均已制定标准，以便比赛时评定分数。由于体小轻盈，因而可以完成许多令人眼花缭乱的高难动作。到需要存放或休憩时，一个不大的木架就可以支起整条龙了。

中国风俗图志·中山卷

第七节 最受群众欢迎的狮舞

在南粤,"狮舞"通称"醒狮",是最常见也最受欢迎的群众性文体项目。每逢节庆,醒狮总要出动,那节奏强烈、浑厚雄壮的鼓点,敲得人心振奋。

华夏大地本不产狮子,中国人最早见到的狮子,是在丝绸之路开通后,由西域作为礼物进贡给汉章帝的。"狮舞"的出现,大约是在佛教传入中国以后。相传,狮子是文殊菩萨的坐骑,自然就是"神兽"了。

"狮舞"中的狮子造型其实是将外来的狮子,按照中国人的审美观进行重塑的。"狮舞"中的狮子造型,早已脱离了它在大自然的原始形态,而与各地保存的"中国化"的石狮渐趋一致。

狮舞有南北之分。北狮重形似,南狮重神韵。

关于南狮起源,在南狮的发祥地佛山,流传着这样一个传说:据说,明朝初年,佛山出现了一头不知名的独角怪兽,眼大口阔,吼出的声音听起来就像"年"字的发音,故老百姓管它叫作"年"。"年"常在夜间出没,践踏农田,残杀禽兽。于是众人计议,用竹篾、彩纸扎作"百兽之王"狮子的狮头模样,用彩布作狮被,挑选懂武功的青年合舞,配以锣鼓,向"年"冲去。"年"见了比自己更可怕的怪兽,吓得慌忙逃窜,自此销声匿迹。舞狮的习俗就这么流传下来。

中山和南粤各地一样,舞的是"南狮"。

南狮的基本造型是:后枕高企、额高且窄、眼大明亮且能转动、口阔常笑、眉粗、杏鼻、背宽、面颊饱满、明牙震舌、双腮突出。表演花样颇多,有起势、奋起、疑进、抓痒、迎宝、施礼、惊跃、审视、酣睡、出洞、发威、过山、上楼台等,"高潮"在"采青"。相传,在早期,"采青"实寓"反清复明"之意。时过境迁,现在的"采青"已经变成向主家祝贺,取其"生猛""兴旺"的"意头"了。所谓"青",其实是一把和"利是"(即红包)一起高高悬挂的生菜。狮子先在"青"前酣舞,然后一跃而起,张嘴把青菜"吃"掉,再"咬碎吐出"(红包则收下)。因为有悬赏,所以必须按照主家的要求去"采",除常见的"采高青"外,还有水青、地青、蟹青、桥青、凳青等许多名目。要完成主家指定的动作,就必须选用相应的特技,例如上

圣狮凤舞

肩（舞狮头者站在舞狮尾者肩上），叠罗汉，上竿（爬上竹竿），或者过梅花桩（通过高低不一的木桩），难度是相当高的。

舞狮队伍中，有时还会添上一个"大头佛"，那是一名头戴大头佛头套的演员，身穿长袍，腰束彩带，手握大葵扇逗引狮子，起着插科打诨的搞笑作用，以增加节日的喜庆气氛。

中山民谣中素有"浴佛节，耍狮场，扯块狮被作衣裳……"的说法。所谓"耍狮场"，就是在神诞期间，在庙前空地搭起高台，邀请各地狮队前来表演，无论民间还是武林，都将此视为盛事。

在中山的民间醒狮团体中，南朗镇石门九堡的"木兰醒狮"队可谓独具一格，该狮队无论舞狮的还是打狮鼓锣钹的全部都是女性。时至今日，见了女性舞龙舞狮，谁也不会奇怪，但在男尊女卑的过去，女性抛头露面已不允许，哪里准许她们摆弄这类"神器"？为什么九堡妇女偏却可以这样做？

当地人解释说，石门的"木兰班醒狮"，既是客家尚武精神的体现，也与"梁红玉击鼓退金兵"的传说有关。原来，居住在石门九堡的都是客家人。据石门大象埔村甘氏族谱记载，

他们的先辈原住山东,南宋初年不少人曾在老家参与韩世忠、梁红玉抗金行动,失败后才辗转迁徙香山。那些最早组成"木兰班"的,就有梁红玉麾下女兵的后人。

九堡"木兰班醒狮"的舞者都是女性,因而狮艺化刚为柔,重在表现狮子活泼可爱的一面,而且常让童子班加入表演行动。

近年,南狮狮艺发展迅速。首先是吸取北狮特点,从原来简单地接一幅"狮被",改为讲究整狮造型。仿真程度增加,观赏性自然随之增大。

其次,为参与国际性的邀请赛,目前"桩阵"表演已成主流。熟悉少林寺和方世玉故事的读者应会知道,"梅桩"套路原是南拳的独特套路之一,在高高低低的"梅桩"翻腾跳跃,做出种种高难度动作,观赏性是相当高的。目前的竞赛规则,对桩阵规格、演出时间、动作的给分标准都有明确规定。对此,非遗保护者却表示担忧:恐怕此后,全国就只有"一头狮子"了。

第八节 凌空起舞的飘色

在中山,"飘色"是一个庞大的家族,仅在名目上,就有飘色、枭色、车色、马色、地色、水色、秋千色等多种。中山现有的飘色,以黄圃、崖口、小榄三地为代表。

《香山县志》的相关记载如下:

> 遇神诞日,张灯歌唱,曰打醮;盛饰仪从,异神过市,曰出游;为鱼、龙、狮、象,鸣钲迭鼓,盛饰童男女为故事,曰出会景。

这里的"出会景",就是我们现在所说的飘色。

三地飘色各有异同，现分述于下：

黄圃飘色　黄圃飘色相传源出木偶戏。据黄圃何氏族谱记载，明洪武年间，安徽人何腾伟被派到广东驻守，其间一度被调往福建剿贼，1378年定居黄圃三社、灵会、古楼三坊交界的水井头。驻福建期间，他爱上了泉州木偶戏。在黄圃定居后，依然乐此不疲，闲时常取从福建带回的木偶玩乐。是时黄圃庙会活动初兴，有见过何家木偶的人提出，何不借鉴福建木偶戏，找孩童装扮作侍者，陪伴北帝神像巡游？

清康熙年间，黄圃飘色已基本定型。具体说，就是把神像缩小，塑在细钢条上，钢条上方设置一张小木椅，让女童坐在椅子上，因有衣饰遮掩，似乎仍保持站姿。钢条是固定在木柜上的，旁边设置一个男童作陪衬，童男童女加上神像，就组成了一版"飘色"，由四个成年男子扛抬着游行，饰演"色芯"的女童，在距地3米高的钢条顶端颤动，颇似凌波微步，"飘色"之名由此得来。

黄圃开村时共设五坊（村），其中灵会、鼓楼、三社均举行"出色"，合称"三坊飘色"，一般选农历三月初三"北帝诞"出巡。村民们认为，三月初三时值春种，若能哄得"北帝"开心，自然风调雨顺，故有"三坊出色，雨水滴滴"之说。

1961年举办了最后一次飘色出巡后，飘色旋即被指为"封建迷信"，从此失落30多年。幸有热心人藏起部分"色梗"上的彩塑，总算为这门古老的民间艺术留下了种子，但因年久失修，20世纪90年代彩塑重见天日时，已面目全非。

1994年初，原三坊老艺人牵头成立"复办黄圃飘色筹委会"，造色梗、制道具、置服饰、选色心，鉴于当代飘色已是全镇的精神文化财富，因而更名"黄圃飘色"，飘色出游日期也由"三月三"改为秋高气爽的国庆节期间。

飘色以"版"为单位。每版飘色述说一个神话传说或历史故事，例如"桃园结义""韩文公遇雪""魁星踢斗"等，通常由四个部分组成，分别为"色柜""色梗""色芯"和"色脚"。"色柜"以木制成，底部巧妙地藏着一根长约一米的钢条，从底直通顶部，叫"色梗"；"色梗"上端，以站姿坐着一位盛装打扮的女童，称为"色芯"，通常由两三岁大的女童饰演。"色芯"下的"色柜"，外观就像一张小木桌，桌旁坐着一位男童，称为"色脚"，年龄大约十岁左右。为保证演出效果，"色梗"绝不能让旁观者见到，必须用香粉塑成彩塑，把女童脚下那一小段钢条遮住。

黄圃飘色

一版完整的飘色,还须加上"色柜"上的题诗,告诉观众飘色讲述的故事。

出巡时,每版飘色都有一面幡旗引领,幡旗绣着该版飘色的名字,即"色标"。整支飘色队伍由一杆"高标"引领,配上若干"八音锣鼓柜",边巡游边演奏。

黄圃出色时,常会请高跷队、秧歌队和腰鼓队一起参与巡游。一般认为,这三种民间艺术是在新中国成立初期由南下的解放军文工队传入的。但据黄圃老人回忆,高跷属本地传统,早在20世纪40年代庆祝抗日战争胜利时,他们就在当地见过高跷表演了。

崖口飘色 崖口旧称崖溪,与孙中山先生的家乡翠亨村相邻。这里的民间艺术古老而丰富,素有"飘色、布绣、麒麟舞"三绝的美誉。

崖口由八个自然村构成,称为"八堡",八堡本有自己的飘色。相传明代崖口有一位擅长以生草药治病的妇人,在瘟疫中救治了不少村民,她逝世后,村民奉她为神,每年农历五月

南朗崖口飘色

初六抬着她的神像巡游,称为"耍菩萨"。早期用竹篾扎作神像,巡游过后,便在庙前空地焚化。其后,村民觉得纸扎"菩萨"较为呆板,便仿效小孩"骑膊马"(坐在父辈的肩膀上),让儿童穿上戏服,坐在铁枝支撑的小椅子上,扮作"菩萨"巡游,一步一颠,远看就像枭鸟展翅高飞,所以叫作"枭色"。

崖口人有胆有色,即使在"文革"期间,仍把所有配套、饰物完整保存。若以"原汁原味"作为标准衡量,崖口飘色最具"非遗"保护价值。

在崖口的飘色巡游中,我们不仅可以见到作为队伍前导的紫檀木雕花篮(制作于清代),还可以见到随后的布绣,包括罗帐、披肩、绶带、旗帜、巾、头牌、帷、幌、帘、幡等,全部由人手刺绣。崖口谭氏与翠亨孙氏素有姻亲关系。1912年5月,孙中山辞去临时大总统职位回乡省亲,就是从澳门乘船到崖口,然后经陆路回翠亨的。为了纪念孙中山先生,崖口人特意

小榄水上飘色

制作了一面绣着孙中山先生肖像的旗幡。

崖口人还创造性地发明了"活动色芯",称为"秋千色",代表作有"荡秋千""嫦娥奔月"等。全国各地飘色不少,动态飘色却只有崖口一家,因而特别受专家重视。2008年6月,"南朗崖口飘色"正式列入民俗类第二批国家级非物质文化遗产名录。

若将黄圃、崖口两地飘色比较,黄圃的"色芯",由2—3岁的女童扮演,崖口的"色芯",由7—8岁的童男童女扮演。年龄不同,轻重有别,相关设置与表演形式也有很大区别。

小榄水色匦 小榄飘色不由人抬车载,而由船艇运载,所以又名"水色"。

过去每到盂兰盆节,中山人常搭法坛请法师念经打醮,恭请地藏王菩萨超度鬼魂。而在小榄,法坛通常设在船艇上。

小榄原属疍民故地,中原人进入后不断围垦,打鱼为生的疍民只好离开,但是部分习俗却仍然保留下来，其一就是在船艇上超度亡魂。每逢盂兰盆节，小榄人就在船上悬挂招魂幡，摆上三牲祭品，恭请法师作法。其后，外出做官的李姓族人，将中原地区的跑旱船、飘色等带回小榄，经本地化后，演变为"水色"。运载飘色的船称为"色船"。通常是，在船的中部搭建一座小戏台，童男童女扮作"色芯"，上演《目连救母》等传统神话剧，于是大船就成了浮动戏台。供"水色"巡游的河道，被当地人称为"水色匦"。

清乾隆四十七年（1783年），为了配合60年一届的"菊花大会"，小榄把"水色"巡游改在11月至12月菊花会期间举行。1934年第三届菊花会期间拍摄的一辑"水色"照片，成了该项目年代最久远的影像文献。

自20世纪50年代起，"小榄水色"巡游活动停办多年。2007年，小榄镇政府做出整治水色匦、打造水乡人文景观的决定。是年底，"小榄水色"重获新生。

第九节　能张嘴眨眼的木偶

中国木偶戏源远流长，最初称为"傀儡戏"，相传雏形在周代已经出现，其后衍生出杖头木偶、铁枝木偶、提线木偶、布袋木偶等多种形式。

"杖头木偶"是木偶戏中的一大类别，北方人称为"耍杆子"，中山人则称为"手托木偶"。

名称的差异，反映出木偶结构与演出风格的区别。例如，在四川的木偶演出中，可以见到艺人右手高高举起仙女木偶的身躯（内藏竹杖），再用左手上的两根较细的操纵杆，控制"仙女"手臂；中山的"杖头木偶"却把支撑木偶身躯的长杆省掉，用手直接承托木偶的颈部，操

纵木偶双臂的两支细杆也藏在木偶宽大的袍袖下,"手托木偶"之名由此而来。

"手托木偶"是中山艺人在20世纪40年代至50年代对传统"杖头木偶"进行改良的结果。原先,广东的杖头木偶与北方的木偶并无二致,支撑和操纵木偶同样靠三支长竹,俗称"三支竹木偶"。

与"三支竹木偶"相比,"手托木偶"矮了一米,因而遮挡木偶下半身("杖头木偶"一般没有脚)的布幔也就可以矮一米,观众不必从头到尾仰脸看,自然舒服得多。"手托木偶"艺人手托木偶头部,手肘直抵木偶臀部,因而可以做出许多"三支竹木偶"无法完成的动作。由于木偶直接由手承托,重一点没关系,因而"手托木偶"在国内木偶中身躯最大,一般可以高达一米,舞台也可扩宽至普通舞台的七成,在大型剧场演出不成问题。

中山木偶戏虽源自三乡镇乌石村,根却在粤西雷州。相传,大约在清道光末年,一个名叫郑开源的湛江男子到了三乡,依傍当地郑族谋生,当地人称他"假老郑",意即说他虽也姓郑,与当地人却无血缘关系。郑开源擅刻木偶,又会演木偶戏。村民雇请他刻制木偶脸谱,并在乡中教演木偶,但却听不懂他的舞台官腔,便从广州、佛山请来粤剧艺人教唱粤曲,这就创建了中山历史上最早的木偶戏班。

木偶戏从业人员都是农民,因而农闲排演,农忙停演,主要为本村及邻村上演"神功戏",或在"出会景"时参加巡游。

中山艺人最初也用"三枝竹木偶"演戏,观众看戏时仰头,布幕后的演员则要蹲下,既不灵便,也很辛苦。这种操作方式表演小剧目还可以,真要演大戏,还要根据剧中人身份走复杂的台步、做手、打斗,蹲着就难以完成了。几经曲折,当地人们终于发现可以把长竹省掉,直接手托木偶头部,这就成了"揸颈木偶",又称"手托木偶"。

郑宁是郑氏木偶家族的第四代传人。1932年,他自创了一套名为"狮子采青"的新节目,由人操纵木偶,木偶操纵木偶狮子。1938年美国旧金山的华人商会邀请国内文艺团体赴美演出时,《狮子采青》是最受欢迎的节目。1954年,郑宁率团以《火焰山》一剧参加在广州文化公园举办的"世界木偶展览会",好评如潮。其后,郑宁应邀加入新组班的广东木偶剧团,三乡的"手托木偶"自此传到广州。

三乡木偶还有一绝,那就是"三上吊",即将正在表演中的木偶高抛,让它准确地落在悬空的秋千架横杠上。

三乡木偶戏

沦陷时期民生凋敝，三乡木偶戏班被迫解散。中山木偶粤剧团的前身——中山民间木偶粤剧队，是1953年省文化局派人到三乡挖掘民间艺术时，重新把艺人请回组建的。新组建的木偶队一无所有，幸有热心华侨借出300元，向旧班主买下木偶旧戏箱，又租来幕布、汽灯、扩声机等。当年国庆节，木偶队在石岐仁山广场举行首演，遂正式宣布成立。木偶队早期设备很简陋，6辆自行车已可运走全部道具。

20世纪60年代，是中山木偶戏的极盛时期。为了上演现代剧，传统的木雕脸谱已不适用，该团美工大胆革新，以石膏做模，变木偶为纸偶，制成一批新头像，成功上演了现代剧《刘文学》，大受欢迎，在省内连演300多场。其后又排演了根据当地革命历史创作的《活捉飞天鸭》等。同时剧团不断创新，还在操纵杆上新增三根细铁丝，套在舞偶艺员手臂上，使木偶能够眨眼、咬东西，连鼻子都能动，演出的效果就更逼真了。舞台布景方面，也从硬景发展到幻灯映景、纱幕投影。上演《火焰山》时，孙悟空在天上连翻跟斗，天幕同时闪电、变景，令人耳目一新。可惜的是，"文革"期间，该团惨遭解散，至今未能全面恢复。

中国风俗图志·中山卷

故园忆旧（局部）

第三章 民间艺术·放歌

第一节 疍家古俗咸水歌

了解了广府、闽南、客家三大族群进入中山的过程后，读者自然会问：早年生活在这里的古越人哪里去了？

赵佗在南粤立国后，随他同来的驻军和家属，挟着经济、文化和耕作技术的优势，以武装力量为后盾，很快就把适于耕作和居住的土地都占据了，不甘臣服的古越人，部分转移深山，与瑶、壮合流；部分被迫迁居江海，形成"浮家泛宅"的劳作与生活方式。中原移民把那些"浮家泛宅"的土著居民称为"蜑"（《隋书·地理志》），后来简写为"疍"。

"疍民"的称谓，最早见于唐初王勃的《广州寺碑》：

> 扬粤当唐初，北人多以商至，遂家于此。六朝以来谣俗讴歌播于乐府，炎方胜事自是偏闻四海。然方言犹操蛮音，以邑里犹杂疍夷故也。

然而，我们不能把唐宋以后的疍民视同少数民族，最多只能说他们是汉族中的特殊水上族群。实际上，由于越来越多的汉人加入，疍民这一群体的文化乃至血缘状态，已经被彻底改变了。

显例之一，是《香山县乡土志》中关于卢循的记载。卢循是东晋时期的农民起义军首领，攻打建业失败后逃到广东香山，最后落脚在珠江口外的万山群岛。在那里，卢循及其随从以采蚝为生，久之，困乏到"子孙皆裸体"的地步。香山人称他们为"卢亭人"。他们的归宿，自然是与疍民合流。

官逼民反，活不下去，是汉人大批加入疍民群落的首要原因。

历代的统治者总把失败了的对手的部属和亲友贬为疍民，这是疍民群体被汉化的又一原因。

数百年来，疍民一直被陆上人视为"贱民"，各地的乡规民约都有针对疍民的歧视性禁

中山咸水歌

令，不仅不准上岸居住，连读书识字也不允许。这一情况到清代中叶后略有改善，"雍正七年，诏令疍民有能盖屋栖身者，许其在近水村庄居住，力田务，本以示一视同仁。自是泛宅浮家之辈，且有更易姓氏以自附于大族"（《香山县乡土志》）。这段文字之下尚有附注："县城西甲子桥内有地，嘉庆间尚名疍家墩，今已改名大墩（址在今石岐光明路段），此亦同化之一证。"文字清楚地记载了香山疍民上岸务农的经过与具体日期。

通过追溯，我们不难理解为何疍家歌谣流传千年，可供查阅的文献却那么少。由于没有文化，疍家人无法用文字记载自己的历史。就以咸水歌为例，别说用活字或木刻版印制歌本，就是百年抄本也难得留下一本。

出自历代文人笔下的对疍家歌谣的零星记载还是可以找到的。

北宋的乐史在地理专著《太平寰宇记》中写道，香山岛上的土著在婚丧嫁娶、庆典祀神时，喜欢"歌唱以导其情，曰歌堂……"（按：这就是高堂歌得名的来由。）

明代著名学者黄佐在《广东通志》谈到南粤民俗时也说：

> 旧俗民家嫁女，集群妇共席唱席以道别，谓之歌堂。今虽渐废，然村落尚或有之。田野踏歌者，往往引物连类，委曲取譬。如子夜竹枝，其尾腔曰娘来里、曰妹来里、曰小荡弟、曰娘十几，皆男女互相答问微动之词也。农庄女子荡姿者，相呼曰绾髻，每耕种时斗歌为乐。

第一个把"咸水歌"之名记于典籍的,是明末清初的番禺学者屈大均。他在《广东新语》中指出,咸水歌的主要特点是"漫节长声,自回而复","婚时以蛮歌相迎,男歌胜则夺女过舟"。

为什么"蛮歌"被称为咸水歌?这是因为,疍家人主要生活在咸淡水交汇处,把他们所唱的歌称为"咸水歌",意即唱歌的人是喝咸水长大的。

疍家人爱唱歌,唱歌已成为他们生活、娱乐、礼仪和表情达意的重要组成部分。

早期的疍家人多以打鱼和运输为生,后来大部分疍家人上岸务农,足迹遍布珠江三角洲,以及广东的阳江,广西的梧州、柳州、北海乃至海南岛的三亚等地。

中山在抢救、整理和开发民歌方面做了大量工作。早在20世纪50年代,文化部门已着手搜集、整理,并培养了梁容胜、何福友、梁三妹、吴志辉等一批优秀的民歌手,把过去被视为难登大雅之堂的咸水歌带到首都北京人民大会堂中央领导人面前,带到音乐院校的讲坛上。《送郎一条花手巾》等在20世纪60年代已被灌录成唱片,成为中央音乐学院的民歌教材之一。到了70年代,中山的音乐工作者又根据民歌素材创作了一批传唱至今的歌曲。1993年和2004年,《中山民歌》(包括咸水歌与鹤歌、客家山歌等流传于中山的其他曲种)的CD光盘与VCD光盘先后问世。

咸水歌被列入全国首批非物质文化遗产代表作,极大地提高了中山人传承民间艺术的积极性,有的地方甚至把它列入学校课程。

限于篇幅,关于咸水歌的艺术特点,这里只略说几句。

直到此处为止,本文所用的"咸水歌"一词均属泛指。屈大均当年就用"咸水歌"一词囊括疍家人所唱的各种民歌。而在中山民间,"咸水歌"通常只特指其中一种曲调。

中山人所说的"咸水歌"(狭义),曲式为两句一小节,每句七到八字。实际演唱时,常会在歌头或歌尾加上"哥呀哩""妹呀哩"之类的衬句,句中还有大量衬音。例如"哥是花针妹是线,针行线走步步跟前"就有可能唱成这样:

> 妹呀哩,哥是花针呀哩妹是线呀哩,好妹呀哩;妹呀哩,针行线走罗步步跟呀哩前呀罗。

咸水歌还有名为"长句咸水歌"的变调,其实只是在咸水歌的上句嵌入若干阴平声结尾的短句。以下是坦洲歌手何福友创作的长句咸水歌《金斗湾》中的一段:

左弯右弯,坦洲近海近山,过去有人流言,有女唔①愿嫁落金斗湾。年年水咸,食水要上山担;路烂难行,踢破脚趾公,磨穿脚踭②,基地种菜生蟛③,水田种禾又唔生,台风洪水一来,金斗湾变成白鸽滩④呀哩好妹呀罗,沙田人仔无日开呀哩颜呀罗。

流行于沙田地区的,还有大缯歌、姑妹歌、叹家姐等,句式和旋律与咸水歌接近。

中山民歌的另一大类是每节七言四句的高棠歌(屈大均把它归入咸水歌)。"高棠歌"也可写成"高堂歌",源自水上人办喜事时把亲戚朋友请到家中摆酒"唱歌堂"的习俗。到后来,"堂"谐音为"棠",那是取"棠棣",即骨肉亲情之意。所以,高棠歌其实就是"兄弟歌",正如"咸水歌"别名是"姑妹歌"一样。高棠歌曲调阳刚,恰与咸水歌的阴柔形成鲜明的对比。

以下是高棠歌对歌时常用的开场歌:

来到高堂我失失慌,满头淡汗都抹唔干。十件衣衫湿了九件半,多得⑤太阳又晒番干。

第二节 侨味浓郁的东乡民歌

历史上,中山人习惯以石岐为中心,把城区以东的张家边等地叫作东乡。东乡一带,说的是一种以石岐话为主、夹杂地方口音的广府话,俗称"东乡话"。

东乡先民多于宋元之际陆续途经粤北珠玑巷转徙至此定居,大约从19世纪开始,东乡人走上了漂洋过海的"淘金"路,东乡地成了远近闻名的侨乡。一种过去鲜为人知,却又在当地长期扎根的民歌——东乡民歌,就在这样的环境中孕育和发展起来。

第三章 民间艺术·放歌

东乡民歌

在人们印象中，过去凡属广府话流行地区，晓弹识唱的，大都是优伶、歌女，因而歌艺被上流社会视为末技。不过，在幅员广阔的农村，"歌艺只是末技"的观念从来就不存在。心有所感，尤其是感到压抑时，任谁都会恨不得大呼大叫地把情绪宣泄出来，那种自然而然产生的冲动，正是先秦古籍《礼记·乐记》所说的"凡音者，生人心者也。情动于中，故形于声。声成文，谓之音"。中华文化最早的辉煌乐章《诗经》，不就是这么诞生的吗？僻远、细小如东乡，毫无例外也遵从这条亘古不变的规律。

19世纪为谋生而爆发的出洋潮，无疑是东乡民歌的成长期。那时候，孤身登上远赴外洋的"大眼鸡"（商船），实在是一种以生命作注的豪赌。仅赴洋，就得依靠单薄的三桅船在海上漂浮数月，抵达"旧金山"（三藩市）、"新金山"（墨尔本）后，还得从苦工做起，不少人还是靠卖身当"猪仔"才得以成行的。即使侥幸保住性命，也得在十多年甚至二十年后，才有可能首次踏上回乡路。那时并没有如今天那样快捷的电讯和邮路，即使是一封短短的家书，也得借亲友返乡之便，或是花钱劳烦货栈在进出口货物时顺便捎回。在此期间，家乡亲眷的牵

75

挂之情可想而知。流传至今的东乡民歌,多半与这一主题有关。

以下出自在东乡传唱甚广的《望夫归》:

> 正月望夫夫不归,我夫出路去广西,广西有个留人洞啰,广东有个望夫归。二月望夫夫不归,春花开到满山围,鹧鸪又啼莺又啊叫啰,几时望得我夫归。三月望夫夫不归,不觉都清明节又来,有仔就山头挂白纸啰(指死后有人守孝、拜祭的意思),我有仔山头贱过泥。……十二月啊望夫夫不归,挨近个冬时年又啊晚啰,无柴无米我随餐揾⑥,我家灯油火蜡都依靠边谁⑦啊。

"广西有个留人洞,广东有个望夫归。"这一古老的南粤传说,几乎在所有南粤民歌中都可以找到影子。东乡歌手这一起兴,咏叹的是丈夫漂泊海外经年不归的苦况。

东乡民歌用地道的石岐话(带东乡口音)传唱,有叙事歌、叹情歌、风俗歌、送别歌、陪嫁歌、哭丧歌等多种类型。

东乡妇女勤劳勇敢。丈夫长年不在家,她们便成为家中支柱,驶牛犁田,插秧割禾,哺儿敬老,全由她们凭一己之力承担。这一点,倒是与邻近东乡的五桂山客家妇女类似,这就决定了以她们为主传唱的东乡民歌与客家山歌有着同样开放、泼辣的个性。平时,东乡妇女喜欢穿黑色的唐装衣裤,头戴尖顶竹帽(这与民田区戴的平顶竹帽、疍家妇女戴的弯沿渔民帽有明显区别),足蹬用旧轮胎削制成的皮靸(又称"千里马",其状略似现在的"人字拖",由绑带固定在脚上),腰勒黑围裙,其上缀着银毫改制的银饰——那便是她们身上唯一的饰物。

与邻近地区妇女相比,她们有较高的文化素养和独立自主的精神。由她们传唱的东乡民歌不乏饱含人文精神的鸿篇巨制,其中最著名的当数长篇叙事民歌《拆蔗寮》。

《拆蔗寮》叙述的是一对农村男女的爱情悲剧。一个蔗园园主的女儿,与一个被其父雇来砍蔗的小伙子相爱。善良勤劳的小伙子家境贫困,不敢与园主的女儿恋爱;美丽善良的姑娘却对小伙子一往情深。小伙子受不住园主白眼,忍痛离开。姑娘思念成疾,终于病逝。小伙子追悔莫及,哭坟致祭。这首叙事民歌长达200多行,声声哀,字字血,缠绵悱恻,哀怨动人。

《拆蔗寮》从园主家拆旧寮搭建新寮说起,此时小伙子已离开家乡多时,姑娘希望借此把小伙子请回家中作雇工,以便朝夕相见。

> 妹:拣定个良时吉日拆蔗寮,我三升落镬妹心焦,又见满寮兄弟饮酒微微笑啰,都话情哥啊归屋寮。
>
> 哥:你爹妈在堂我就唔敢叫,做乜丢妹孤单啰叹蔗寮。……

妹：亚哥啊，你返归之时，千万要与我爹商定了，工银就唔论多与少，总系你独行千里都又怕个路飘遥。

自忖身份悬殊，小伙子不敢回乡，致使姑娘相思成疾。（按：由此可见昔日农村的贫困、落后。小伙子不敢高攀的"园主"家，住的也只是茅寮。）

妹：哥你都唔知，我昨晚三更发了一个梦，梦见阎王都要妹啊去情书。情书写起就无人寄，我叫隔离婆仔共我带去一封书。

哥：接得情娘书一纸咧，不知书语是何为，剪开边来看书中啊语咧，……见娘得病我小弟都又心慌。我昨晚来到你门前把眼望，望见我娘睡在牙床上，你爹妈在堂我就不敢叫啰，问娘啊你治病都用乜⑧何方？

噩耗传来，小伙子肝肠寸断。

哥：转眼不觉啊是清明，一心来到你坟前，……终不见娇时唔见影，只见个山头树木寡清清……妹呀妹，妹你做乜唔裂开个山坟等我落阴来陪伴你？……

小伙子的挚诚最终感动了玉帝。

哥：你睇个狂风啊高卷上天庭玉帝知，天庭玉帝都见妹个封书，玉帝告到啊落个阴司。……神在先行妹在啊后，先锋向山头吹口还魂气，眼见个山坟裂开边。我双手拨开个坟土地，拈⑨开个锦被就眼泪流，睇见你娇容还重在⑩，长叹一声啊惊醒妹。妹呀妹，等我拈开个锦被俾你起身⑪来，天公赐你还阳世啊，思情似海共你成双又成对啰，睇娇情长故此⑫发返来。

如果说，经典戏曲《梁山伯与祝英台》中的"化蝶"，体现的是东方式大团圆结局的话，那么，《拆蔗寮》的"还阳"，却令人感到，那只是男主角在绝望的幻觉中的梦呓，浓重的悲剧气氛叫人喘不过气来。

第三节 文化融合的"活化石"

文化融合一般需要漫长的时间,但在特定条件下,也可能因某种机缘而在短瞬之间完成,五桂山地区就有一个相当典型的例子,那就是白口莲山歌。

客家最具特色的,就是客家山歌,祖籍嘉应(今梅州)的五桂山人也不例外。走入五桂山区,随处可以听到用客家话演绎的山歌:

> 山歌好唱难开头,木匠难砌走马楼,
> 石匠难刻石狮子,铁匠难打钓鱼钩。
> 唱歌莫怕叔公来,叔公做过后生来,
> 阿婆也是妹仔变,担竿做过竹笋来。

五桂山的客家山歌与有"客都"之称的粤东梅州的客家山歌同出一源,句式和旋律基本一致。不过,时至今日,在经过许多代歌手的演绎和客籍艺术家的加工后,梅州本土的客家山歌已经发生了很大的变化。五桂山客家人却因离开祖居地甚久,难有机会与外地客家人交流,因此相比之下,五桂山的客家山歌在艺术上就显得较为粗糙。粗糙的另一面是古朴,五桂山的客家山歌很少接受现代艺术的加工。

五桂山虽说横亘珠三角腹地,但地域其实相当狭窄。尽管客家人的生活多靠自给自足,但总不能不与广府人和疍家人交往。例如,既然要到县城考取功名,就不能不学广府话;挑山芒到县城卖,不懂广府话也很难交易成功。由于贫穷且被视为异类,过去客家人常被平原地区的人歧视。而另一方面,客家人也瞧不起水边的疍家。有的族规甚至明文规定"女不嫁沙田围,男不娶疍家妹"。

俗语说,"山水有相逢"。一段偶然发生的小插曲,打破了当地客家与疍家"老死不相往来"的"铁律"。

相传,很久以前,一位客家青年从山村出海捕鱼,归途中不慎被海蛇咬伤,登时人事不省,幸亏被一位路过的疍家妹发现,疍家妹的父亲是当地颇有名气的蛇医,从小见惯了父亲

白口莲山歌

救治伤者的她,见状并不慌张,而是动了恻隐之心,不顾男女授受不亲的禁忌和客、疍两族之间的隔阂,毅然把客家青年背回家,央求父亲为他施救。客家青年的家人一连数日四处寻找不见影踪,以为他已遇溺身亡。其实,他在蛇医父女长达十多天的悉心照料下已经康复。半个多月的相处,令客家青年对善良的疍家妹产生了爱慕之情,疍家妹也对手脚勤快的客家青年心怀好感。终有一天,疍家妹以咸水歌向客家青年示爱,客家青年也回应了一首情真意切的客家山歌。有趣的是,懂广府话的客家青年对疍家妹的咸水歌一听就明,不懂客家话的疍家妹却怎么也听不懂客家青年的客家山歌。焦急之余,客家青年尝试用广府话模仿疍家妹的唱腔,向姑娘倾诉自己的心曲,这回疍家妹果然听懂了。两人一唱一和,越唱越觉得难舍难离。客家青年决定回乡后请媒婆前往说媒,没想到却遭到父母和族人的坚决反对。原来,青年所住的山村与沙田围村毗邻,两村共饮一溪水。客家人认为,小溪源出山区,应属客家人所有;疍家人却不能接受,原因很简单:近海的河涌受咸潮影响,常年半咸不淡,尤其到旱季,水咸得无法入口,从山里流向大海的那条小溪是唯一的淡水源,怎能轻言放弃?两村为水的归属不断发生摩擦、争执甚至械斗。为此,族人搬出乡规族例,严禁青年前往迎娶,疍家妹的父亲也不同意女儿嫁到客家村去。两人无奈,只得相约私奔到荒山安家,其后子孙繁衍,终于形成新的客家村,他俩首创的山歌也渐渐地流传开来。

以上，就是"山水相逢"的传奇故事。这种新山歌既用客家白话唱，水调唱成山歌，已经不能再称为咸水歌了。其后经过数代传唱，越唱越有"客"味，终于演变成一种被人们称为"白口莲"的山歌。"白口"，就是用白话唱的意思。

其实，仅阅读文本，就不难发现白口莲和咸水歌之间的亲缘关系。白口莲和咸水歌都有一首与花为主题的代表作。

男：（妹啊哩）乜野[13]花开喇叭样（啊妹呀啰）？
　　（妹啊哩）嘀嘀（啰）哒哒（哩）喜气洋洋（嗳）。
女：（兄啊哩）金瓜花开喇叭样（嗳），
　　（兄啊哩）金瓜（哩）花开（啰）喜气洋洋（嗳）。
男：乜野花开拨弦弹唱？开花结子满肚孩儿。
女：琵琶花开拨弦弹唱，琴弦拨响感动心肠。
男：乜野花开节节上？花开结果甜过蜜糖。
女：木瓜花开节节上，花开结果甜过蜜糖。

（以上为白口莲《唱花》）

男：（妹好啊哩）乜野花开（呀哩）蝴蝶样（呀哩，好妹又啰），
　　花开（哩）结子尺二三长（呀啰）？
女：（弟好啊哩）豆角花开（呀哩）蝴蝶样（呀哩，好妹又啰），
　　花开（哩）结子尺二三长（呀啰）。
男：乜野花开四只耳，花开结子满肚孩儿？
女：石榴花开四只耳，花开结子满肚孩儿。
男：乜野花开浮水面，花开结子好似勾镰？
女：菱角花开浮水面，花开结子好似勾镰。

（咸水歌《对花》，按：从第二段起，记录时省去衬字）

如果不考虑衬字的话，两首歌简直犹如孪生兄弟。一般来说，白口莲和咸水歌的每小节都由上下两句构成，基本旋律也相当接近。不同的是，白口莲歌手面对的是险峻的山峰和幽深的山谷，为了唤起接歌人的注意，采用客家山歌高亢的开腔，曲中常见五度大跳跃，句尾则加滑音，令人感到袅袅余音在山谷里回荡。与白口莲歌手相比，咸水歌歌手面对的是视野广阔的大海，因而多了份水的温柔，旋律曲线比较圆润，犹如浮在水面的银色月光。

白口莲优美动听，唱的又是白话，其后，在邻近五桂山的民田区中也传唱开来，现今南

朗、神湾、三乡、板芙、坦洲等镇区，就有不少人会唱白口莲。

白口莲的存在意义，不仅在于它是一种饶有特色的民间歌种，还在于它是研究文化交融的一个非常完整的典型案例。白口莲仅流传于五桂山及环山平原地带，诞生和发育的时间不超过两百年，演变痕迹明显，确实是研究中原文化（客家文化）和岭南文化（疍家文化）融合的不可多得的"活化石"。

第四节 小雅山房的银乐金乐

三乡镇的小雅山房，是有文字可考的最早的粤乐民间乐社。

小雅山房的前身，是晚清的三乡乌石乡山头坊"工余阅书报社"。与"工余阅书报社"同址的，还有"义勇消防队"和"民团馆"。三个民间组织"三位一体"地设立于东石祠内的左侧长廊。为了应付每年农历五月的"列圣巡游"，"工余阅书报社"设有音乐锣鼓柜，称为"工余音乐社"，并从港澳聘请乐师前来教习。后来名气渐大，就郑重地给音乐社起了个名字——"小雅音乐山房"。

令小雅山房声名鹊起的，是乐队成员1935年应香港政府邀请，参与"英皇银禧大典"庆祝活动。

小雅山房乐队的出色表演轰动了香港，中山籍著名民乐家吕文成听说游行队伍中有来自家乡的民乐队，不禁高兴地走近小雅山房的锣鼓柜观看，一看，就被乡亲的高超技艺迷住了。据说，吕文成特别欣赏郑淑良弹拨的三弦。郑淑良弹三弦别具一格，他时而正弹，时而把三弦放在肩上弹，时而举过头弹，时而放在身后弹，有时甚至倒转反拨……就这样，吕文成跟

随小雅山房乐队，一走就是几条马路。那时，小雅山房的全部乐器，均镀上或涂上金色，看上去金光闪烁，尤其是当乐手表现离身弹奏花式时，更如金蛇狂舞，在漆黑的背景下，只见乐器不见人，令香港市民大开眼界，因而被誉为"金乐"。庆典结束后，小雅山房被评为冠军。吕文成与香港丘鹤俦、尹自重等民乐名家联名给小雅山房送来一面锦旗，旗上写着"一聆雅奏"四字。吕文成还以个人名义给小雅山房送了一面铜锣。

其实，此前一年（即1934年），小雅山房已应邀赴澳门做过一次演出。那时，他们给乐器包上镀银的薄铜片，因而被誉为"银乐"。"银乐"的观赏效果极佳，但包上铜片后，乐器太重，弹奏不便，音响也较低哑，所以后来赴香港演出时，就做了改良，将包铜片改为涂油漆，颜色也改为金色。

"银乐"与"金乐"的出现，反映了中山人超前的商业意识。谁说民俗文化不重视"包装"？在这一点上，80多年前的中山人已经相当"前卫"了。

还应特别指出，小雅山房绝非仅是普通的音乐团体，它实际上参与了近百年来几乎所有的重大历史事件。早在20世纪20年代，小雅山房成员就在中国共产党的领导下，秘密组织起农民协会。1938年的农历正月初七，东石祠里为郑弼良老人举办八十大寿庆典时，突然接到通知，日寇在香洲登陆。小雅山房（乌石壮丁队）成员立刻放下锣鼓乐器，拿起步枪、大刀前往香洲协助抗敌，乡亲则为他们留了两桌饭菜，一直等到他们击退敌军回乡。中山沦陷后，"义勇"两字不能提了，就用"灭火局"名义代替"义勇消防队"，并以"工余体乐会"名义外出参加篮球比赛和音乐演出，掩护他们配合五桂山抗日游击队的抗日行动，还曾利用"列圣巡游"的传统，以"地色"（即化装游行）讽刺日寇统治下的民不聊生。

新中国成立前夕，"工余体乐会"更显活跃，他们特地从澳门请来锣鼓音乐师傅协助排演，迎接解放军入城。1953年后，又以石桥村文娱组的名义，自编、自导、自演，排演《儿女婚事》《抗美援朝》《领到选民证》《互助合作好》《四婶养猪》等时装粤剧，盛名之下，省、地、县各级文化部门都派人前来总结经验，向全省推广。此后文艺演出不断，直到"文革"期间才被迫停顿。

注　释

① 唔：水上方言，不。

②脚踭：水上方言，脚跟。

③蟚：水上方言，蚜虫。

④白鸽滩：白鸽鱼（弹涂鱼）任意出没的泥涂。

⑤多得：水上方言，好在。

⑥揾：中山方言，找寻。

⑦边谁：中山方言，谁。

⑧乜：中山方言，什么。

⑨拈：中山方言，拿。

⑩还重在：中山方言，还在。

⑪俾你起身：中山方言，让你起身。

⑫故此：中山方言，因此。

⑬乜野：中山方言，什么。

中国风俗图志·中山卷

大庙下晚市梦华全景图（局部）

第四章 民间艺术·节庆

第一节 文献中的大巡游

龙舞、醒狮、鹤歌鹤舞、麒麟舞、飘色等民间艺术,除醒狮外,极少单独出动。盛大的酬神、庆典、出访,就是它们的团聚机会。

《中山文化志》中有这样的记载:

> 1934年5月,崖口派板龙一条、麒麟一只、甲鱼一条、飘色八板、布绣三队、八音锣鼓柜一套前往澳门,……大受欢迎。

如果说,崖口飘色队此次出访,阵容还不算庞大。那么,由中山牵头组团,并于1935年成行的香港之行,阵容就绝非小可了。

此次出访,在各地派去的民间艺术团体中,中山的小雅山房和六坊云龙,分别夺取了表演赛的冠亚军。香港报纸专门为中山代表团编发了一整版的照片。当年随队出访的三乡老艺人郑珠,逝世前凭记忆写下了当年三乡百人赴港的详尽资料。以下是他开列的细目:

旗色:

帅旗2面(一为香邑荔枝园,一为香邑小雅山房);大旗1面(长一丈八尺);罗伞1面;旌伞2面;双彩2枝(长一丈二尺、高三尺,各由三人抬行);单彩1枝(长一丈二尺,由两人抬行);此外,还有花篮、旱地龙舟等。

飘色:

共四台。分别为"狄青与襄阳公主""白娘子斗法海""张飞夜战马超""刘备与孙尚香之花园对枪"。各由四人抬"色柜"。那时的飘色并非是静态的,而是事前做过排练,小演员(称为"色心")可以做到边游行边表演武打。

锣鼓柜(附演出者名单):

"头五架"。包括:二弦一对(领奏,郑惠壁、张琼);短筒(短喉管)一对(郑爱年、陈

中山市黄圃镇是中国历史文化名镇,悠久的历史文化元素随处可见——三坊社区逢三年一次的中元节庆典暨乡土特色扬名内外——水上扒龙船、岸上玩飘色、高跷腰鼓、舞龙狮、烧纸镪拜北帝、祭鬼神打大醮、放花炮、抡彩头、祈求风调雨顺、民生康宁。黄圃镇政府已向有关部门申报列入非物质文化遗产保护名录

二〇〇九年正月老叟振铃画

大巡游

润);长筒(长喉管)一对(黄榕四、唐朋);短横笛一对(张旦等);长箫一对(黄炳辉等)。

大笛(大唢呐)一对(何满全、唐连、锦如)。

笛仔(小唢呐)一对(李东、唐葵)。

"后五架"。包括:提琴一对(郑万、郑朋良);月琴一对(郑雅良、郑蔚廷);秦琴一对(张乘冬等);秦胡一对(郑义年等);三弦一对(郑淑良、郑坛);掌板(锦源);大锣(郑永标);大钹(郑近)。

这份详尽资料,向我们展示了20世纪30年代至40年代中山民间艺术的整体概况,实属十分珍贵的乡土文献。

第二节 沙溪三月三

　　沙溪镇的大部分土地迟至数百年前才成陆,因而水神北帝历来为当地居民所信奉。每年农历三月初三北帝诞,都为北帝打醮、游神、唱大戏,称为"太平清醮";每隔一个甲子,举行一次更大规模的"罗天大醮"。据沙溪镇云汉村北极殿内的石碑记载,罗天大醮迄今已举行了七届,共400多年历史。

　　每年春节过后,沙溪村民便着手募集资金、制定巡游路线,筹备该年的三月三事宜。农历二月二十日,村中工匠开始制作巡游用的木船,妇女们则在北极殿前扎制宝塔、灯笼、元宝等纸扎祭品。三月初二下午,村中长老在北帝庙前主持装船仪式,将象征五谷丰登的各式农产品装上彩色木船,并在船舱中贴上神祇画像。三月初三清晨,在道士向北帝、禾谷夫人、华光帝

沙溪三月三

君祈福、拜祭后，长老为龙、狮、凤、鹤点睛，并请出庙中神像进行巡游，称为"北帝出巡"。巡游队伍由罗伞开道，神轿、仪仗和彩色木船等紧跟其后，当地民间艺术队伍随之出动，其后还有隆都各姓氏组成的方队、八仙贺寿乐队、吹打队、花篮队等。巡游队伍浩浩荡荡走村串巷，沿途爆竹声响不停，历时4个多小时。回到北极殿后，再将彩色木船和船上的农产品、纸扎品等一并焚化。当晚，村中设斋宴招待老人和参加巡游的人士，还请来粤剧团体演戏娱神娱人。一个甲子才举办一届的"罗天大醮"，则要连续举行七天七夜，称为"七昼连宵"。

沙溪四月八

第三节　圣狮四月八

同属沙溪镇的圣狮（原与象角村同乡，合称象角乡），习惯在农历四月初八举办大型巡游活动，此俗相传源自明末清初。某年，象角一带遭受瘟疫，缺医少药的村民，只好将希望寄托于他们供奉的洪圣公[1]。经问卜，得知舞龙、舞狮可以驱逐瘟疫，于是村民照办。据说，龙、狮所经之处，家家户户燃放爆竹，浓烈的硫黄硝烟，最后果然把瘟疫扑灭了。村民们把这一做法持续下来，成为习俗。每年农历四月初七下午四时，参加巡游的金龙、银龙、柴龙[2]、凤、狮子等都要到洪圣殿前"点睛"，然后依次入庙拜神。四月初八零时起，敲锣打鼓，舞柴龙前往全村土地社坛逐一参拜，上午九时正式大巡游。是时，灯笼引路、锣鼓开道，然后是大旗队、龙旗队、鼓乐队、花篮队、腰鼓队、

鱼虾蟹将队,还有飘色,以及金龙、银龙、凤、狮、武术队等,游遍圣狮、象角两村的大街小巷。

可喜的是,目前的沙溪三月三和圣狮四月八民间艺术大巡游活动,已经摒弃了原有的迷信成分,成为凝聚海内外乡情的慈善公益活动。所筹得款项,除部分用于必要开支外,都用于扶贫济困、改善老人福利。

第四节 小榄菊花会

在菊城小榄,流传着一个传说:

南宋咸淳年间,胡姓贵妃得罪宋度宗,南宋咸淳八年(1272年),宋度宗下诏令她削发为尼。胡妃佯装投水逃脱,与黄姓商人成亲,藏匿在南雄珠玑巷。官军追捕,扬言要在珠玑巷屠村灭口。咸淳十年(1274年),一批避祸的百姓从珠玑巷启程,辗转到了香山县小榄。时值深秋,他们为遍野菊花所吸引,便在飞驼岭、凤山一带垦荒定居。他们谨记是菊花把他们引领到这片福地的,因而把野菊移植到园圃中,嘱咐子孙要世代爱菊、种菊。经小榄人奋力开拓,种桑、养蚕、缫丝,明初,这里已成为富裕的鱼米之乡。

潮涨潮落,花谢花开,小榄先民的后裔始终保持着祖辈那份对菊花的感恩之心,菊艺也达到了相当高的水准。明代小榄文士辈出,他们牵头办起不少诗社。菊艺高了,诗社兴旺了,难免有了逞强比试之心。乾隆四十七年(1782年),这里举行首次"菊试",乾隆五十六年(1791年)又办了一次,再后就演变成"菊社"(又称"黄华会"),不但品评菊花,还邀请外地诗人前来品题吟咏。"菊试""菊社"举办虽不定期,但却是菊花会的雏形。

第一届菊花会是在嘉庆十九年(1814年)举办的,会期达七天七夜,参观人数逾万。县志

小榄菊花会

对此记载甚详：

> 榄乡人善作盆菊，每植一株，分数十枝或百枝，三丫六顶，如太极两仪之相生。一枝只留一蓓蕾，扶以小竹杖，长短相从，至花时齐开，层层如规之圆（按：指大立菊）。尤以叶色青葱，茂密经霜不脱者为上。盛开时，集乡人所植各种，设赏格，评高下，曰"菊试"；联二三知己，倾樽篱下，索句花前，曰"菊社"。至于菊会起止，凡三日夜。张灯彩，作梨园乐，花路、花桥、花楼，络绎数里。各族祠宇、门庭、斋舍，悉选花之佳者，布列点缀，间以名人字画及古玩器，开筵迎客，幽香满座。四方来观者千万人，虽农夫牧竖，从芳馥中行，亦旋改其面目。邑令彭竹林诗，所谓"榄市花期韵欲仙"是也。

现在通常把嘉庆十九年（1814年）举办的菊花会算作第一届，不仅因其规模远胜从前，也因为这个日期有纪念祖先开辟草莱之意。这届菊花会还约定，此后每隔60年，逢甲戌年举办一次。第二届菊花大会在同治十三年（1874年）十月初十举办。

如果说首届菊花会重在庆典，那么到第二届时，精明的小榄人已经懂得从发展经济着

眼，大批的小榄土特产，例如菊花鲜炸鱼球、菊花肉、菊花酒等陆续登场，当地盛产的蚕丝和绸缎的贸易数额也因此激增。

第三届菊花会举办时，"九一八事变"已经发生，广东处于军阀拥兵自重的割据局面，民生凋敝。小榄人牢记祖训，还是勉力办了一届五天五夜的菊花会。现存为期最早的菊花会照片，就是那时拍摄的。

1959年，小榄打破惯例，举办新中国成立后的首届菊花大会。这次菊展在海内外引起轰动效应，媒体纷纷把小榄赞誉为"菊城"，"菊城"的名号就此叫响。

1994年的第四届菊花会展期长达七天，布展范围达10平方千米，共展出菊花逾60万盆，品种1567个，观众600万人次。其特点是艺术造型精湛，景点星罗棋布，文化、体育、娱乐活动遍地开花。值得一提的是，此届菊花会展出的一盆大立菊，计43圈5677朵，已被载入《吉尼斯世界纪录大全》。

2004年是第四届菊花会后的首个整十年，小榄再次举办了一次规模不逊于1994年的菊花会。其后每年11月，小榄均举办一次大型菊展。作为中原菊文化的延续，小榄菊花会开启了自己的新境界、新高度，国家授予的"中国民间艺术（菊花文化）之乡"牌匾与列入国家级非物质文化遗产名录的荣誉，有力地验证了小榄菊文化的"含金量"。

注 释

①洪圣公：水神，原为疍家人信奉的龙王。
②柴龙：又称木龙，沙溪人对醉龙的通称。

第五章 岁时节令

《香山县志》中有这样一段记载：

> 立春日，有司迎句芒、土牛，竞以米洒之，以消一岁疾疹。元日拜年，烧爆竹，禁洒扫。元夕张灯为谜语，悬赏中衢。曰灯信。
>
> 正月灯节，添丁者挂花灯于祠，以酒脯祀其先，曰开灯，亦曰挂灯。约俟清明，则焚之，曰结灯。元宵灯火装演故事，游戏通衢，舞者击鼓以三为节，歌者击鼓，以七为节。又，春宵结队，彼此酬答，曰唱灯歌，又曰唱鹤歌。
>
> 二月上戊祭社，烧大彩爆竹。花朝后四日，插桃花祀门。望日，俗曰大王斋。村民各祭其祠神，即荆楚膢祭也。①
>
> 三月清明插柳，同上三日，采三丫苦叶，捣作粉团，蒸熟以荐祖考。扫墓郊行，谓之踏青。亦曰铲草，亦曰压纸，以楮置坟上也，孙宗盛者，堆如积雪。或曰送灯，亦曰拜山。九月曰拜重阳，腊月曰送年饭。
>
> 四月八日，浮屠浴佛，诸神庙雕饰木龙，细民金鼓旗帜，醉舞中衢，以逐疫，曰转龙。首插金花，操木龙而舞，舁酒随之，有醉至死者。旧惟八日有之，十年间辗转至半月不息，踵事增华，近益靡丽。
>
> 五月端阳以粽祀神。各乡皆七月以粽祀神，较邑城尤盛。龙舟竞渡，画船采色，县城或数年一举。小榄乡无岁不然，其竞渡而夺标者，或劳伤，或溺死，或兴众大斗。
>
> 七月七日曝衣书，家汲井华水贮之，以备酒浆。儿女乞巧。十四日浮屠盂兰盆会，剪纸衣祀先人，各乡盛设黍粽。农户饷耕侣，曰田了节。望日，妇女以龙眼相馈遗，曰结缘。
>
> 八月十五饮月下，曰饦②中秋。十六夜曰追月。
>
> 九月重阳登高放纸鸢，采百草卉木等叶，捣粉为丸以食，名百件药。
>
> 十月获稻，团焦比栉于野，农事毕，饷耕侣。冬至以九羹祀神。腊月念四日小年，祀灶。除夕，易桃符，烧爆竹，炊笼糕，大者至米数斗。其以糖炊者，曰甜糕。否，则曰白糕。豆壳灰和粉炊者，曰鱇③糕。黄叶汁和粉炊者，曰黄叶仔糕。其炊糯米为饭，揉作饼者，曰白糍。

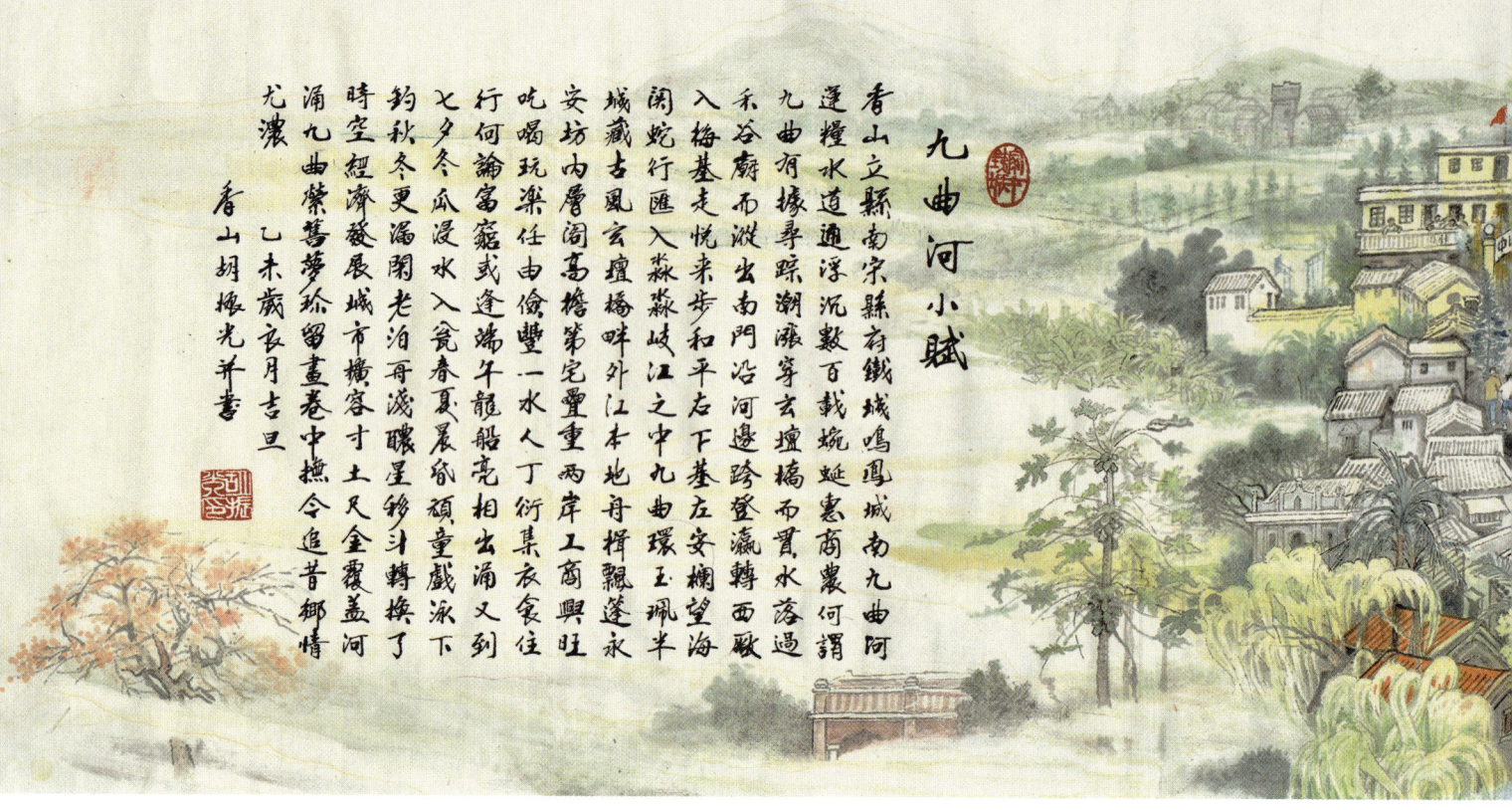

九曲河逝水流年高（局部）

上述记载，文字虽然不多，却可被视为清末的中山民俗总纲，随着时间的推移和观念的改变，习俗有所增减，但大抵仍按如上纲要进行。

本章将循这一线索，介绍中山的岁时习俗，部分已在其他章节中呈现过的，不再赘述。

第一节 春节的来由

春节是中国民间最重要的传统节日。但是，"春节"这一名称的使用，其实只有100多年历史。

中国古代曾把春节叫作"元旦"。由于历代都曾对历法做修改，所以历代的春节（元旦）日期都不一样。

禾谷庙桥九曲河最后的一道桥，著名的华侨中学五十年代兴办，河道霞盖东路，依民族东路

小商品市场吸引众多省港澳及四邑的来客

　　孙中山先生领导辛亥革命推翻清王朝后，1912年，民国政府决定在我国和世界各国一样使用统一的公历。为了让民间的传统节日和公历的1月1日有所区别，就将农历的正月初一定名"春节"，公历的1月1日叫作"元旦"。

　　过春节其实就是"过年"。在中山，老年人会给孩子们传授这段口诀："一鸡二犬三猪四羊五牛六马七人八谷九兵十贼。"意思是，大年初一是鸡的生日，年初二是狗的生日，以此类推。这可被视为中国版本的《创世记》，亦即女娲娘娘创造人和万物的日程表。

　　中国人的春节，其实在旧年年底已经开始。从腊月廿三"谢灶"，"年廿八，洗邋遢④"，到大年三十（有些年份只有年廿九）晚的除夕逛花市便进入高潮。当成年人捧着一枝枝、一盆盆从花市买回的吊钟、金橘、水仙等年花回家，给大门贴上红彤彤的春联、门笺，凌晨再向门外扔一包"开门炮仗"，这就正式进入农历新年了。

　　描述过年习俗时，人们常常忘了贴在门楣上的红钱。所谓"红钱"只是俗称，规范的称呼应该是"门笺"或"红笺"。

　　门笺是一种用红纸制成的长约20厘米、宽约10厘米的长方形小纸片，下半部分剪成流苏状，上面用凿刀刻上许多金钱或元宝状的装饰花纹，所以民间称它为"红钱"。大年三十那天，人们在大门的两侧张贴春联时，喜欢同时在门楣上并排贴上五幅红钱，称之为"五福临门"。张贴时，只在纸的上端涂一条窄窄的糨糊，把它贴在门楣上，绝大部分就让它自由垂

九曲河逝水流年高（局部）

挂，远远看去，就像随风飞舞的五只红蝴蝶，煞是好看。

当代中山人过年，早已不按老规矩进行，但约定俗成的惯例还有不少：初一煮煎堆拜神，供奉上天和家神（即历代祖先），老一辈是不出门拜年的，小孩子四出兜接"利是"则属例外。初二是"姑爷节"，女婿陪媳妇回娘家拜年，商店则开始开门做生意，是日，老板会请全体雇员吃饭，俗称"打牙祭"，更准确的叫法是做"头祃"。过去商店逢初二、十六，都有拜神及请雇员吃饭的习惯，俗称"开祃"。这是从古代的军队抵达驻扎地的祭神习俗演化而来的，暗寓"商场如战场"之意。老板辞退的店员往往也在这次宴席上，俗称"吃无情鸡"。

初三是"赤口"，过去一般不出门拜年，据说出门则易惹是非，有的家庭还为全家老少各人准备新鞋一双，到这天穿上"踩小人"。

真正的串门拜年，实际上从年初五开始，家家提前准备好年糕、煎堆、油角、糖环等，并且提前装满"八果盒"。所谓"八果盒"，其实是分作八格的圆盆，上面盛上糖莲子、糖马蹄、糖莲藕、糖冬瓜、瓜子等物，到了近现代则多了巧克力等，新春期间有亲戚到访，则先奉糖茶，再请客人"抓仁"，即请客人嗑瓜子。"仁"与"银"谐音，意即恭喜发财。这时候最高兴的当然是孩子，因为无论谁，结婚后都得给晚辈派"利是"。兜满大袋"利是"后，就可以买炮仗、买玩具，甚至足够一年的文具费、学杂费了。

在农村，还习惯初五或初六时（各地日期不一）在社坛旁的大树上给去年出生的孩子挂灯，

这个仪式叫作"开灯",到时还得凑份请乡亲吃饭,经过这个程序,孩子就算被乡亲正式承认了。

随着时代进步,人们的观念发生了很大变化,不少旧习俗被废除,不少禁忌也不再被人们重视。现在时兴团拜,不仅机关单位如此,连许多家庭也是如此,天南地北的儿子、女儿、孙子、外孙回到家乡共聚酒楼,陪老人家吃一顿团圆饭或者开年饭,共聚天伦,把过去的繁文缛节一概省去,又省时又欢乐,这就叫"新事新办"。

第二节 立春与春神

春神在古人心中占有重要地位,因为他象征孕育与生命。

立春为农历二十四节气之首,用现代汉语直译,就是春天的开始。春神原来是有名字的,

九曲河逝水流年高（局部）

那就是《香山县志》所说的"句芒"。"句芒"是伏羲的大儿子，据《山海经·海外东经》记载，他是一位鸟身人面，手执圆规、角尺，骑着两条龙的神，可见他的主要职责是管理万物生育与春耕秋收。

到后来，春神逐渐被人格化了。过去，在中山人称为"通胜"（即通书，广东人避讳，故意把"输"读作"胜"）的老皇历里，必定有一幅《春牛图》。画中，句芒被描绘为一个头上梳着丫角髻的农家孩子，手执牛鞭赶着春牛。

《春牛图》据说有预测气候和年成的作用。句芒不戴帽子，意味着该年气候温暖；一只脚穿鞋、一只脚赤足，意味着风调雨顺，雨水不多也不少；双脚穿鞋，当年就偏旱；双脚打赤足，当年的雨水就太多了。

在古代，那些编写通书的道长们，到底根据什么做出长达一年的气候预测的？也许可以这样解释：过去，编制历法的工作，主要由朝廷的钦天监负责。所谓钦天监，就是主管古代天文台和气象台的官员。历代钦天监积累下大量的天象和气象观测资料，有关官员根据他们掌握的历史记录，从中找寻气候的长期变化规律，由此做出预测。

第三节 从"开灯"说到"灯酒"

"开灯"古俗反映的是人们对"添丁"的重视,也是户籍制度雏形的反映。哪家生男孩了,就在"灯节"那天(依惯例各有不同,不一定都在元宵节,但总在春节以后,大约从年初五、初六开始,便陆续有乡村"开灯"了),郑重地在祠堂(也有在村前社坛)挂灯,为的是禀告神灵和祖先,我家"添丁"了。经过"开灯",男孩才能正式入册,成为族中的一员,拥有"太公分猪肉"的权利,自然也须履行作为族中一员的义务。

"开灯"也反映了封建宗法社会的"重男轻女"思想。那时候,妇女地位低下,不仅在族谱中无名,死后灵牌上也只能写个"××氏"之类。若妇女姓方,丈夫姓陈,那就称其陈方氏,绝对不带名。

近年,在中山,元宵节已经演变为"中国情人节",以别于西方的"情人节"。不过,在部分乡村,例如南头镇,仍然把元宵视作重大节日,春节前已着手筹备,为的是从正月初六起,举行扎灯、开灯、挂灯、祈灯、投灯、饮灯酒等系列盛大活动。

南头镇有座始建于清道光八年(1828年)的北帝庙,香火颇为旺盛。自庙落成后,村中就

九曲河逝水流年高（局部）

定下"饮灯酒"的规矩，约定每年均扎作花灯，在农历正月初六拜祭开灯，正月十四、十五在北帝庙前挂灯祈福，正月十六在庙前空地摆灯酒，并在灯酒宴上参与花灯竞投，所筹款项，在扣除必要费用后，均用于社会公益事业。这种反映人们对和谐社会的向往与追求的民俗，近年已正式列入省级非物质文化遗产名录。

第四节　二月二土地诞

"二月二，龙抬头。"农历二月初二是土地诞，也就是土地公的生日。土地爷爷是最平民化的神祇之一。一领方巾，一身长袍，三绺长须，整日笑脸迎人。他们没有太大的法力和权力，据说生前多是善良正直的长者，死后受上天册封为神，从此竭尽绵力，保一方平安。过去

乡村和城镇的路口都有露天的"社坛",那就是人们供奉土地爷爷的祭坛。即使家宅里,供奉土地也是必不可免的。土地爷爷的要求并不高,在进门一侧设个神龛,甚至在八仙桌下立个神位,摆个香炉,逢年过节供一炷香,土地诞那天给他烧串爆竹,土地爷爷就心满意足了。

在古代,民间认为,身边的一切都有神灵在各司其职,这就是所谓"举头三尺有神灵"。现在不妨稍做统计,在普通民居里,到底供奉着多少神灵?进门处有"门官""土地",厨房有"灶君",井旁有"井泉龙神",正厅的神台上有"堂上历代祖先",按照该户人家的信仰程度,还可能供奉如来佛祖、观音菩萨、吕洞宾祖师、弥勒佛、大圣公(孙悟空)、关帝(关云长)乃至行业性质的孔夫子、鲁班师傅、神医华佗等等。此外还有不见于经典也不设立牌位的神,例如屋梁头大哥,相当于人间的"安全总监";紫姑,掌管厕所和生育;床尾姑婆,照料未成年的孩子。

九曲河逝水流年高（局部）

第五节 惊蛰打小人

在《香山县志》"风俗"的前言中，有一段关于民俗的"厚"与"薄"，亦即"美"与"丑"的议论。事实上，并非所有民俗都是美好的。例如，"惊蛰打小人"就是一种丑陋的恶俗。

惊蛰本属民间二十四节气之一，"惊蛰"的本意就是"开始响雷，冬眠动物复苏"。

大概由于蛇虫鼠蚁都从此日开始活动，便给了那些封建迷信思想严重的人一个错觉，以为"小人"（通常指的是自己的"对头人"）也开始活动了，于是决定先给他一个下马威：打！

过去，在惊蛰那天深夜，常见有人烧香拜神后，蹲在马路边或社坛前，脱下鞋子在事前剪好的纸人身上狠狠地打，一边打一边痛骂、诅咒，最后还用香火在纸人身上乱戳乱烫，直到纸人千疮百孔变成马蜂窝为止。

"打小人"是古代巫法的变种，没有丝毫科学根据。近年"打小人"活动渐已绝迹，反映的正是社会的文明与进步。

第六节 3月12日植树节

远在神话时代，我们的祖先已经把植树造林视为美好的愿望了。

神话故事《夸父逐日》，说的就是一位追逐太阳的巨人，在垂死之际用力把自己的手杖掷出，这根手杖后来变成了一片茂密树林的故事。

除了传说，还有典籍中的文字记载。《礼记》中写道："孟春之月，盛德在木。"意思是说，在早春二月植树造林，是一件造福子孙的大功德。翻开《中山市文物志》，我们还可以找到《桥头护林碑》等昔日保护林木的乡规民约。

提起植树，不能不提伟大的革命先行者孙中山先生。他在《致郑藻如书》（1890年）中写道：

呜呼！今天下农桑之不振，鸦片之害，亦已甚矣！试观吾邑南东一带之山，秃然不毛，本可植果以收利，蓄木以为薪，而无人兴之。农民只知斩伐，而不知种植，此安得其不胜用耶？

他认为，解决的办法就是"道在鼓励农民，如泰西兴农之会，为之先导"。因此，1895年，孙中山先生在广州双门底创立了我国最早的农学会，同时也将其作为发动广州起义的领导机关所在地。

孙中山先生生前对植树造林非常重视，所以我国的"植树节"也与孙中山先生有密切的联系。1915年，我国首次把清明节定为植树节。孙中山先生逝世后，1928年4月，国民政府把孙中山先生的逝世纪念日——3月12日定为植树节，以示永久纪念。1979年2月，全国五届人大再次确认3月12日为我国的植树节。3月12日处于惊蛰之后、春分之前，树木的根系生长旺盛，植树的成活率比较高，所以把这天定为植树节，不仅有纪念孙中山先生的意义，也很符合树木的生长规律。

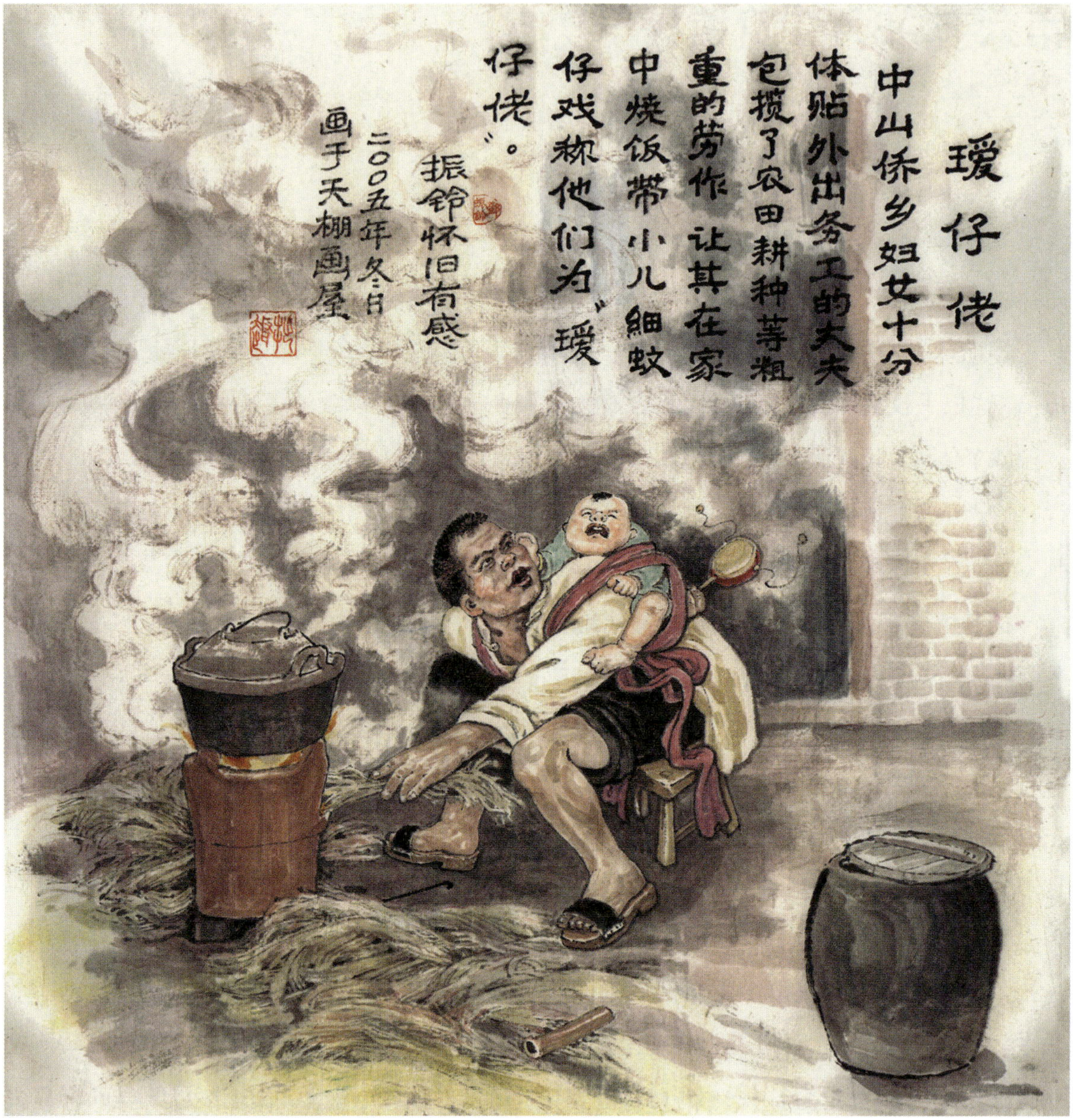
瑷仔佬
中山侨乡妇女十分
体贴外出务工的丈夫
包揽了农田耕种等粗
重的劳作 让其在家
中烧饭带小儿细蚊
仔戏称他们为"瑷
仔佬"。
振铃怀旧有感
二〇〇五年冬日
画于天棚画屋

瑷仔佬

第七节 寒食与清明节

清明节，是二十四节气之一。古籍《岁时百问》说："万物生长此时，皆清洁而明净，故谓之清明。"

清明节通常在公历的4月5日。古时候，我国绝大部分地区盛行土葬，后人常在坟上种植树木，以资保护，同时也留作纪念。经过一年风吹雨打，坟墓附近不免水土流失，杂草丛生，因此古人习惯把清明节期间前去看望故者称为"上坟"，也叫"扫墓"，把坟墓周围整修一下。这一风俗，反映了我国人民"慎终追远"，尊敬先人的传统。

在民间，人们常把这一风俗的起源与春秋时代的一个历史掌故联系起来：在春秋时代，晋公子重耳为奸臣所害，被迫流亡国外，随从介子推追随他达19年。重耳当上晋国国君后遍赏功臣，介子推却不愿当官，总是避而不见，晋文公（即重耳）派人找他，他索性背着母亲上了绵山。有人提议三面放火烧山，只留一面，认为介子推肯定会从山上跑出来。然而山也烧了，却不见介子推下山，再次找寻，发现介子推背着母亲搂着一棵老柳树烧死了。晋文公悲痛万分，下令此后每年的这一天禁忌烟火，并把这一天定为"寒食节"。

中国风俗图志·中山卷

臭屎姑

"有屎倒吗妹！"一声声清脆的呼叫唤醒了太阳，掀开了晨雾，街头巷尾不再寂静……吆喝着的大城收肥农妇细蚊仔贬称为臭屎姑（还有臭屎公、臭屎佬、臭屎婆、臭屎妹）。旧式房舍有茅厕，屎塔（缸）家家必备，无论春夏秋冬、寒来暑往，风雨雷电日复日，倒屎塔是铁城居民的晨曲，儿童起床的信号："倒屎塔咁早！"你中山昔日的谚语，时光不再，此情此景早已消失，但"臭屎姑"仍深深地烙印在少年时代的记忆中。

二〇〇五年暖冬画于拙趣居 振铃题记

臭屎姑

第八节 四月八浴佛节

在当代中山,说起"四月八",人们首先记起的,恐怕是醉龙和"圣狮四月八",知道这天是佛祖释迦牟尼生日的人反而不多。

公元前565年,古印度(今尼泊尔境内)迦毗罗卫国国王的夫人于四月初八那日,在无忧树下诞下悉达多太子。相传,这位太子生下来就会走路,走到七步时,一手指天,一手指地,说:"天上地下,唯我独尊。"这"唯我独尊"中的"我",并非指佛祖自己,而是要告诉人们,所有人都应该头顶苍天,脚踏实地,成大智慧,发大慈悲。这位太子,就是佛教始祖释迦牟尼。据说,佛祖开口讲话时,天降花雨,九龙吐水。四月初八这一天成为佛教的"佛诞日"。

当日,佛教信徒会仿效传说中的"九龙吐水",用"五香水"淋沐佛像,这就是"浴佛节"的来由。

奇怪的是,中山人不认为浴佛节只是佛教的节日,北帝庙、天后庙、洪圣庙、关帝庙等,往往都选择在这天把神像连同神龛抬出,进行庄重的游神活动。因而醉龙在这天披红挂彩,圣狮村选择在这天举办"四月八"大巡游,也就一点都不奇怪了。

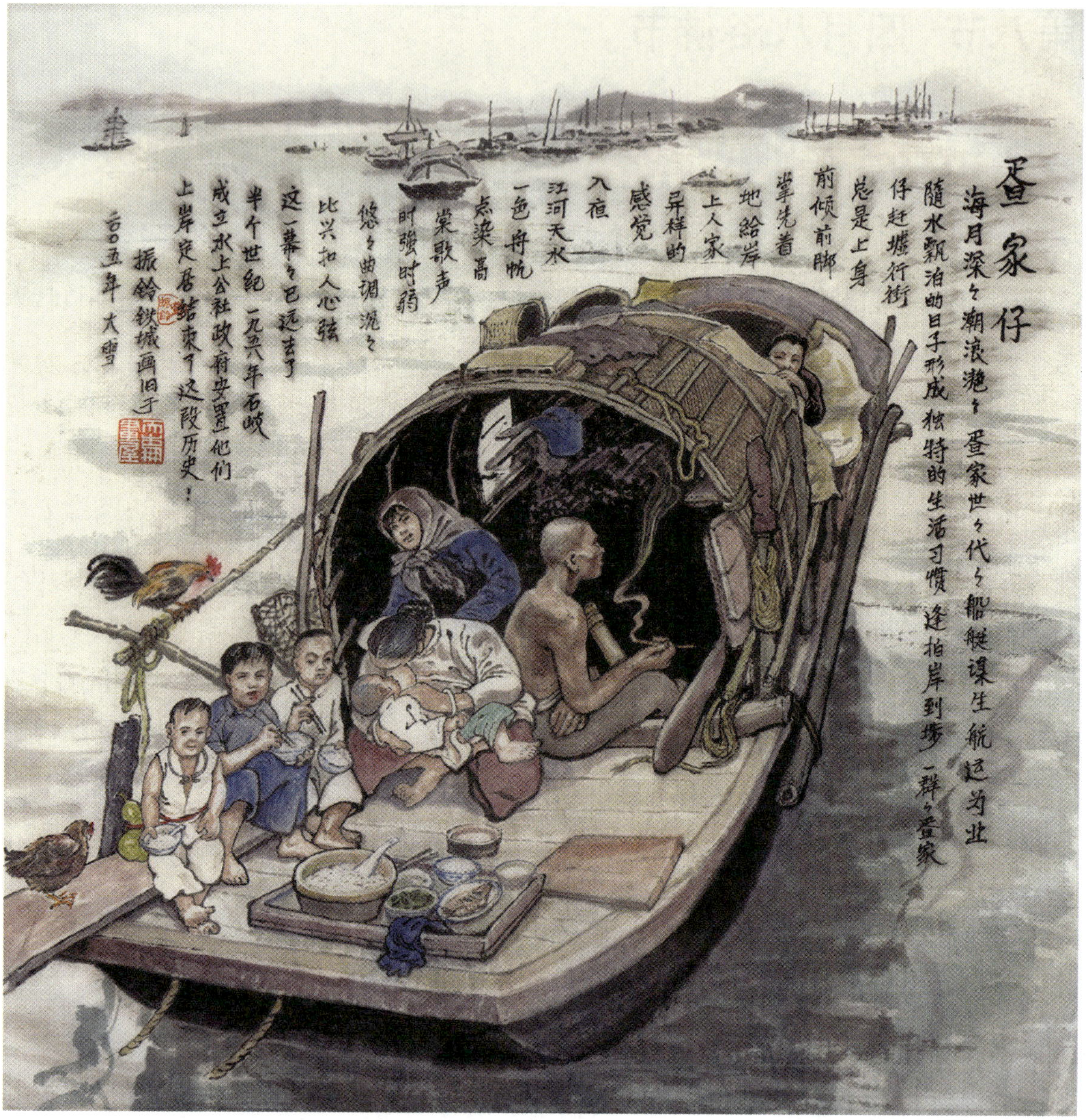
疍家仔
海月深々潮滚滟々 疍家世々代々船艇谋生航运为业
随水飘泊的日子形成独特的生活习惯 逢泊岸到埗 一群々疍家
仔赶墟行街
总是上身
前倾前脚
掌先着
地给岸
上人家
异样的
感觉
入夜
江河天水
一色舟帆
点染高
棠歌声
时强时弱
悠々曲调泷々
比兴扣人心弦
这一幕々已远去了
半个世纪 一九五八年石岐
成立水上公社政府安置他们
上岸定居结束了这段历史！
振铃铁城画旧子
二〇〇五年大雪

疍家仔

第九节 端午节是卫生节

农历五月初五是端午节。"端"就是"开端","午"就是"五"(端午最初叫作端五),合起来就是五月的第五天。有人问,子丑寅卯辰巳午,午分明明排在第七位,又怎么会成了第五呢?原来,按照农历"地支纪月"的方式,正月为寅月,二月为卯月,五月为午月,子、丑则留给十一、十二月,"午"的排列顺序就是第五。

端午节的主要习俗当然是裹粽子、赛龙舟,但在远古,端午同时还是"卫生节"。

端午时值盛夏,潮湿炎热,蚊蝇病菌也开始肆虐,因此最古老的过端午节的习俗,就是"驱秽浊"。具体做法是挂菖蒲、熏艾叶,用雄黄酒泼洒角落,洗帐掸灰,打扫庭院。门前挂菖蒲,是为了"驱鬼辟邪";熏艾叶,是为了驱除蚊蝇、毒虫。

端午节的传统食物也属于这一系列。糯米包裹的粽子具有消火、清火、清热的作用。"五色糖粥"(用红、黄、黑、绿豆和赤小豆加米熬煮的粥)有消暑清热、补气血、散寒湿的功效,都不失为应节佳品。

说到裹粽子,还须补充几句。隆都人习惯在七月裹粽,五月不裹粽,他们的裹粽,是为了祭祀祖先,并非纪念屈原。由此可见,中山人的裹粽子、赛龙舟习俗其实与屈原的关系并不密切,至少农村地区是如此。中山的裹粽子、赛龙舟习俗,可能应该追溯到古越,直到大批中原人进入后,才增添了纪念屈原的内容。

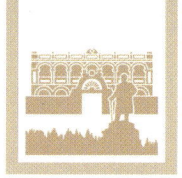

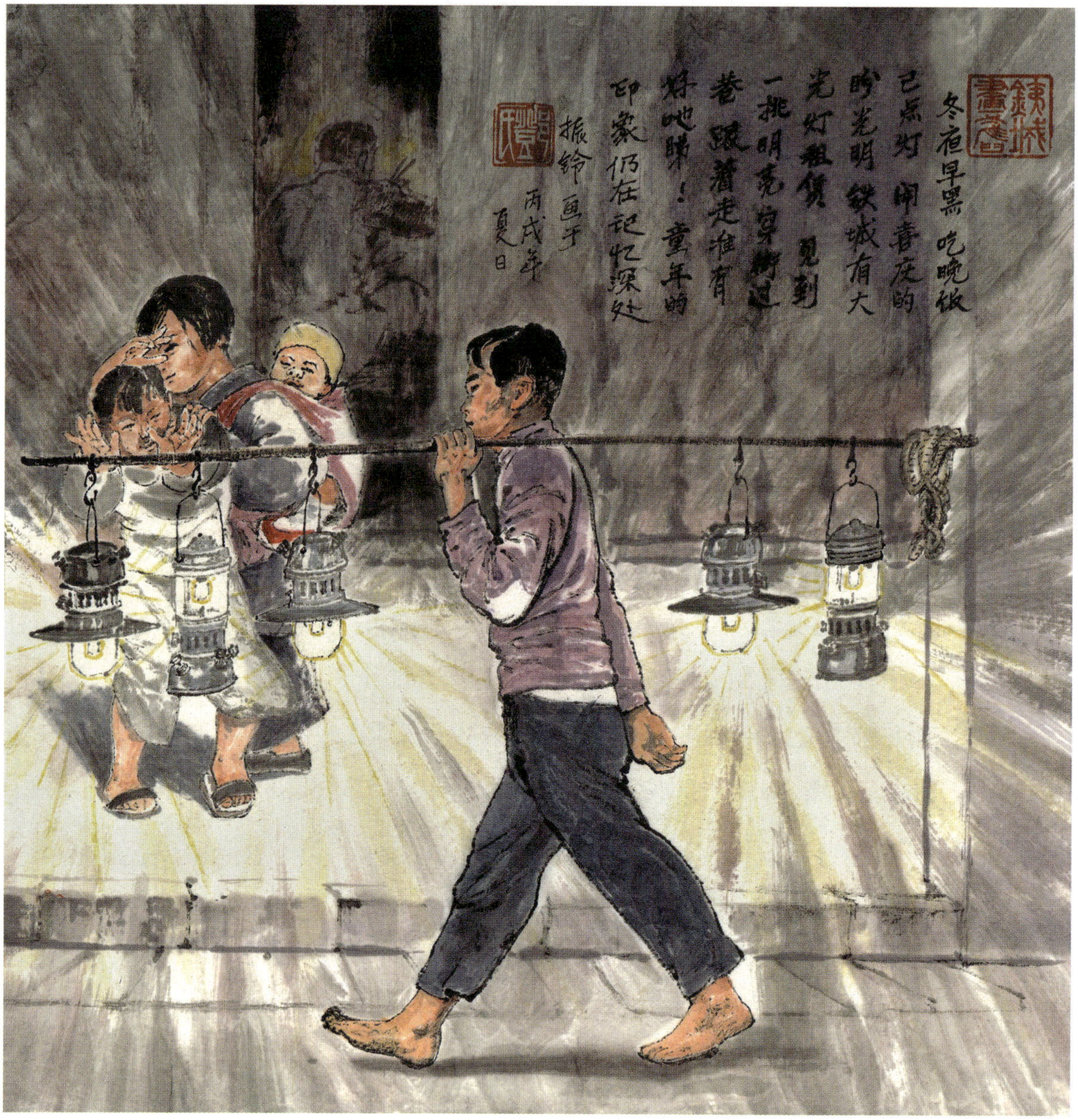
冬夜早黑 吃晚饭
已点灯 闹喜庆的
时光明 铁城有大
光灯租赁 见到
一挑明亮穿街过
巷跟着走准有
好睇睇！童年的
印象仍在记忆深处
振铃 画于
丙戌年
夏日

出租大光灯

第十节 七夕拜七姐

在人们心中,织女既然是天上的神仙,自然心灵手巧。在以农立国的古代中国,妇女除了生养孩子、操持家务之外,主要的生产劳动就是织布。也因为如此,从远古起,就有了未婚女子向天上织女"乞巧"的民间拜祀活动,希望神仙姐姐教自己一手。

农历七月,正是曝晒书籍和衣物的好时候。加上神话故事的熏陶,人们总觉得农历七月七日的阳光、空气和水都和平时不同。中山人认为,七月七日打上来的井水(称为"井花水",在古代,"华"与"花"相通)久贮也不会变质发臭,所以习惯在这一天贮井水以备酿酒(主要是家酿糯米甜酒)。实际上,中山人不仅用七夕的井水酿酒,还在这天用坛罐泡制冬瓜水、节瓜水、甜桃水等。通常的做法是,把切成块状的冬瓜等密封在坛罐里,严密封口,放于屋内阴凉处,一放就是多年,直到化为液状。拆封后甜香异常,对治疗发高烧等症状颇有奇效,可算家中一宝。

关于乞巧,《广州岁时记》记载得很详细:

> 七月初七日,俗传牛女相会之期。一般待字女郎,联集为乞巧会。先期备办种种奇巧玩品,并用通草、色纸、芝麻、米粒等,制成各种花果、仕女、器物、宫室等,极钩心斗角之妙。初六日,陈之庭内,杂以针黹、脂粉、古董、珍玩,又花生、时果等。初六夜,初更时分,焚香燃烛,向空礼叩,曰迎仙。自三鼓至五鼓,凡礼拜七次,因仙女凡七也,曰拜仙。礼拜后,于暗陬中持绸丝穿针孔,盖取金针度人之意。初七日,陈设之物,仍然不移动,至夜礼神如昨夕,曰拜牛郎。

中山人的"乞巧"习俗与广州差不多,只是桌上多了一种特色供品:"仙秧"。那是提前浸种,七夕前已经育成的半尺高的秧苗。通常在瓦钵里育,此时已长成齐齐整整、密密麻麻的一束,上供前再拦腰围上一圈红纸。在拜过七姐后,晾干贮存,据说可以入药,主治小儿食滞。

过去,未婚女子对乞巧十分重视,富贵人家的供品,有多至十桌以上的。那些娇小姐们平日养尊处优,"十指不沾阳春水",哪能制作那么多精美绝伦的供品?不要紧,她们可以雇工代劳,也可以到街上买成品,过去石岐大庙下一带,七夕前就有不少这类临时摊档。

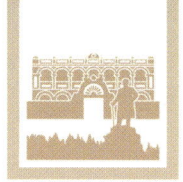

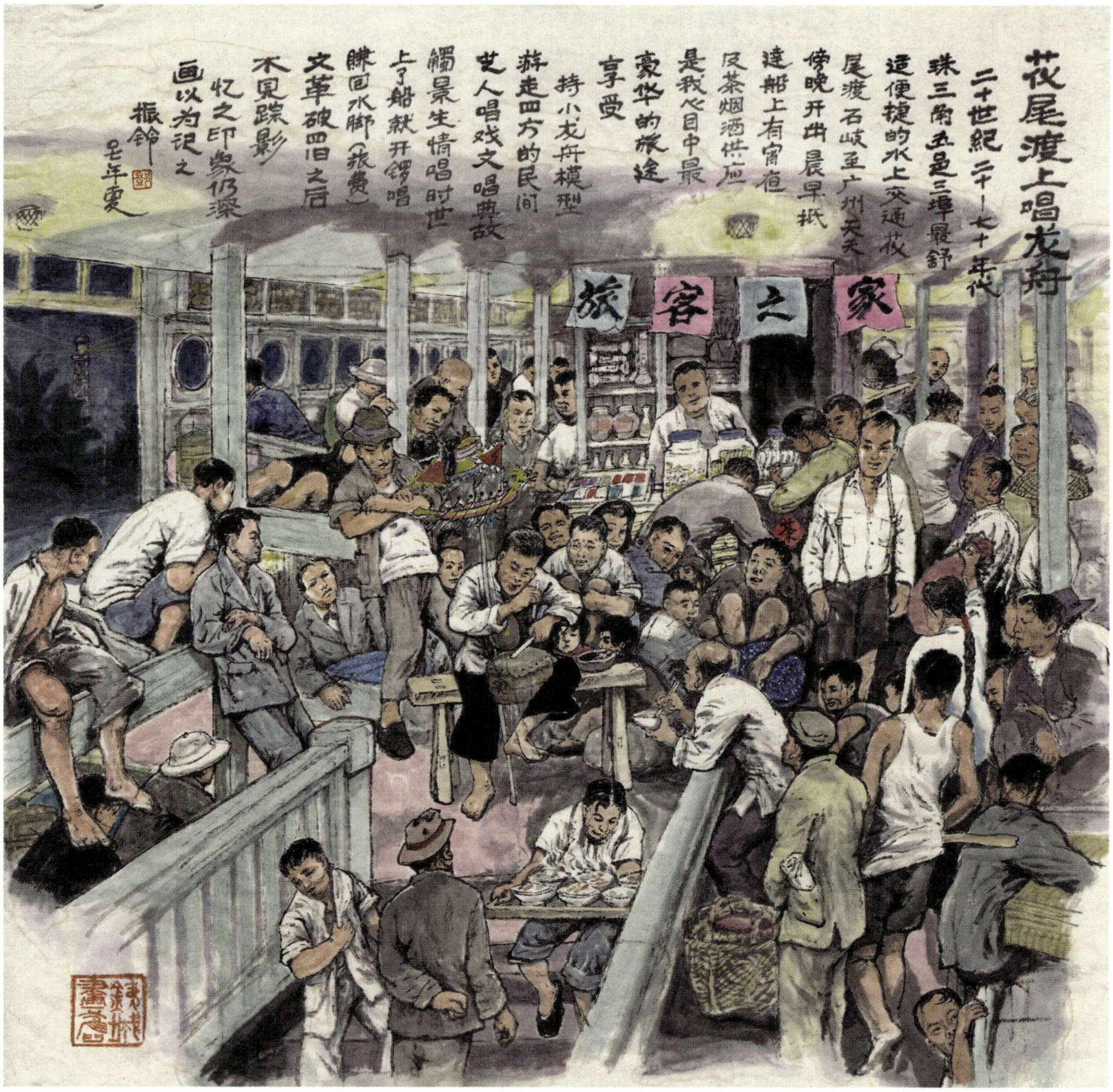
花尾渡上唱龙舟
二十世紀二十一七十年代
珠三角五是三埠最舒
适便捷的水上交通花
尾渡石岐至广州天天
傍晚开出晨早抵
達船上有宵夜
及茶烟酒供应
是我心目中最
豪华的旅途
享受
持小龙舟模型
游走四方的民间
艺人唱戏文唱典故
觸景生情唱时世
上了船就开锣唱
睇回水脚(旅费)
文革破四旧之后
不見踪影
忆之印象仍深
画以为记之
振铃
旅客之家

花尾渡上唱龙舟

第十一节 七月十四盂兰盆节

农历七月十四日，是传统的盂兰盆节，俗称"鬼节"。在中原地区，盂兰盆节一般多在七月十五日举行。

盂兰盆节的起源相当古老。相传少年罗卜父母双亡，他做了小和尚，法号目连。经过苦练，修成了"阿罗汉果"（在佛教中地位比佛和菩萨低，在梵文中，阿罗汉意即"自觉"）。他决心寻找父母亡魂，在天上找到了父亲，但却无法找到母亲。佛祖告知，他母亲在地狱。他用佛法打开地狱之门，几番周折，才在十八层地狱找到正在受苦的母亲。他母亲青提夫子生前罪孽太深，因而该有此报。目连恳求佛祖搭救，历尽艰辛把母亲救出，母亲却重堕饿鬼之道，不管什么食物和水，一到嘴边，立刻变成火。佛祖指点目连，在七月十五日广造盂兰盆，供祀众鬼，至此，他母亲才吃到死后的第一顿饭。吃饱后，他母亲瞬间转生为黑狗，目连再引她到佛祖前，忏悔前生冤孽，终于也修成正果。

珠江三角洲一带，为什么把盂兰盆节的日期从七月十五中元节，改为七月十四呢？相传这一改期始于宋末元初。那时，在元兵咄咄进逼下，百姓为了及时逃离，只好把盂兰盆节提前一天过，其后一直按这一新惯例过节。

过去，盂兰盆节是相当隆重的，通常会由庙宇牵头，在通衢大道搭起法坛，请法师念经打醮，恭请地藏王菩萨前来超度鬼魂，最后还在大街上撒放包子、番石榴等祭品。一般家庭也在祭祀祖先后烧冥镪、衣纸（用五彩色纸制成，折成纸筒，据说焚烧后在阴间变为布匹），再于次日即七月十五日晚"烧街衣"，以施舍游魂野鬼。"烧街衣"是一种既影响环境卫生又易引发火灾的陋习，近年已不多见。

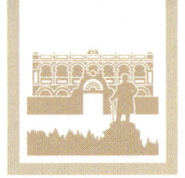

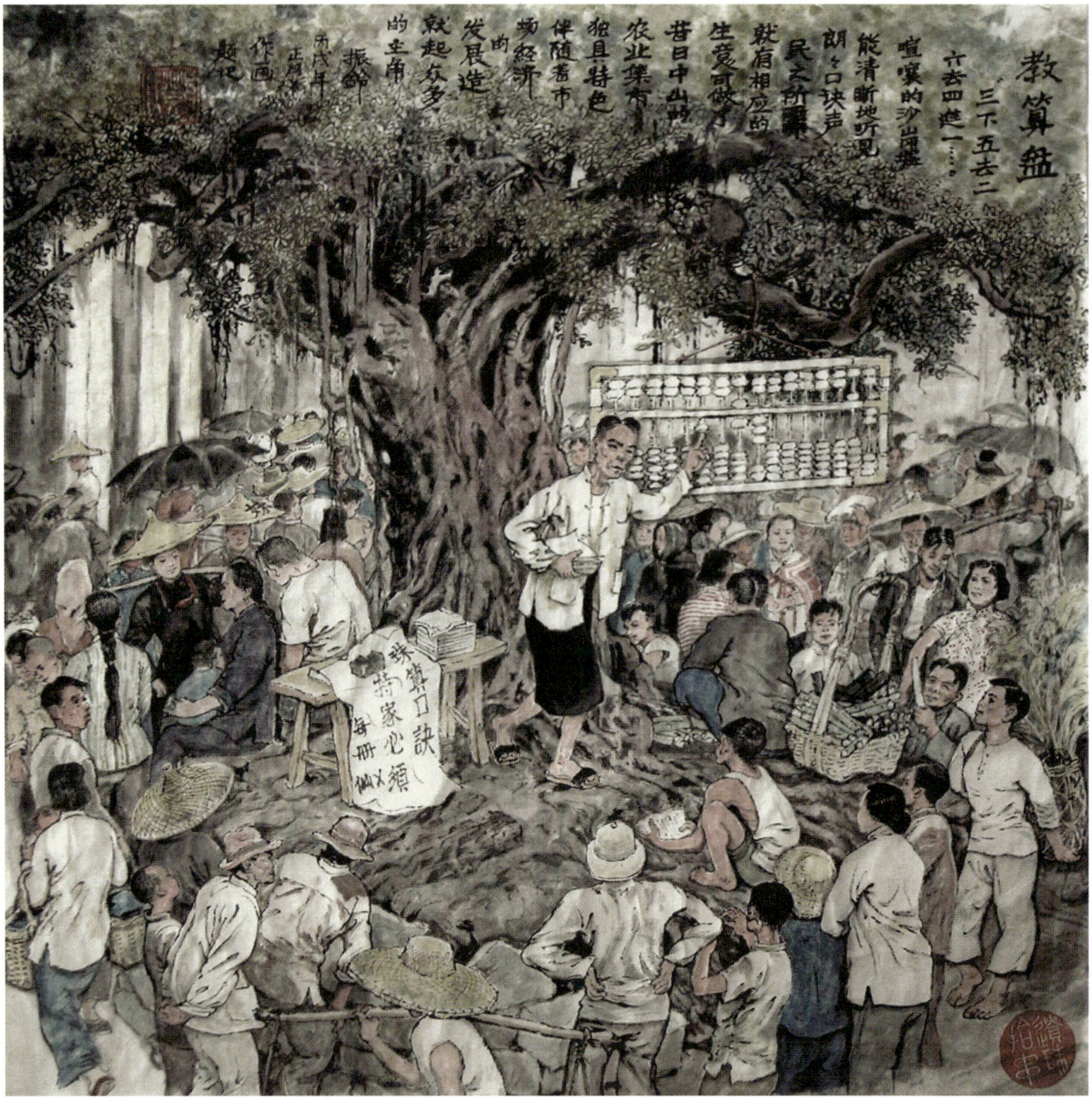
教算盘
三下五去二
六去四进一……
喧嚷的沙山闹墟
能清晰地听见
朗々口诀声
民之所需
就有相应的
生意可做了
昔日中山的
农业集市
独具特色
伴随着市场经济的
发展造
就起众多
的主角
振铭
丙戌年
正月
作画
题记
珠算口诀
持家必须

教算盘

第十二节 中秋赏月

中秋节是中国民间传统的四大佳节之一。秋天包括农历的七、八、九月,八月十五刚好处于中间,"中秋"由此得名。

中秋要拜月,主要目的是祈求一家团圆。尤其是现代,过中秋的主要活动其实就是赏月,"月到中秋分外明",秋高气爽,桂花飘香,一轮圆月高高地挂在天空,那种温馨的氛围的确够让人陶醉的!

中秋节都要吃月饼。中秋吃月饼的习俗相传始于元末,那时中国在元朝统治下民不聊生,韩福通等人在中秋节发动起义,就靠把纸条塞在月饼馅里传递消息。经过前仆后继的战斗,朱元璋最终推翻元朝统治,建立了明朝。中秋吃月饼就此成为习俗。

除了月饼,中秋应节的瓜果也是不可少的。在中山,供月的果品有柚子、香蕉、菱角、芋头等。柚子圆溜溜,象征顺顺利利;芋头和围着芋头的一堆芋仔,象征人丁兴旺、阖家团聚。什么都敢吃的广东人,还会从河底捞起大盆的田螺,开油锅用紫苏叶和蒜头、豆豉、姜炒熟,那种香味,真叫人远远嗅到也觉嘴馋。至于小孩子,则喜欢手提灯笼,或者手拖着装上轮子的白兔灯,成群结队满街跑。半个世纪前,中山还有人放"孔明灯",这是一种利用蜡烛燃烧产生的热气,把灯升起来随风飘走的纸糊装置,由于容易引发火灾,已经被淘汰了。

《香山县志》里还说到追月。县志中提到,过了八月十五,要是意犹未尽的话,大可以呼朋唤友,在八月十六重赏一遍月,这就叫追月。

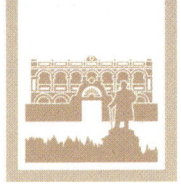

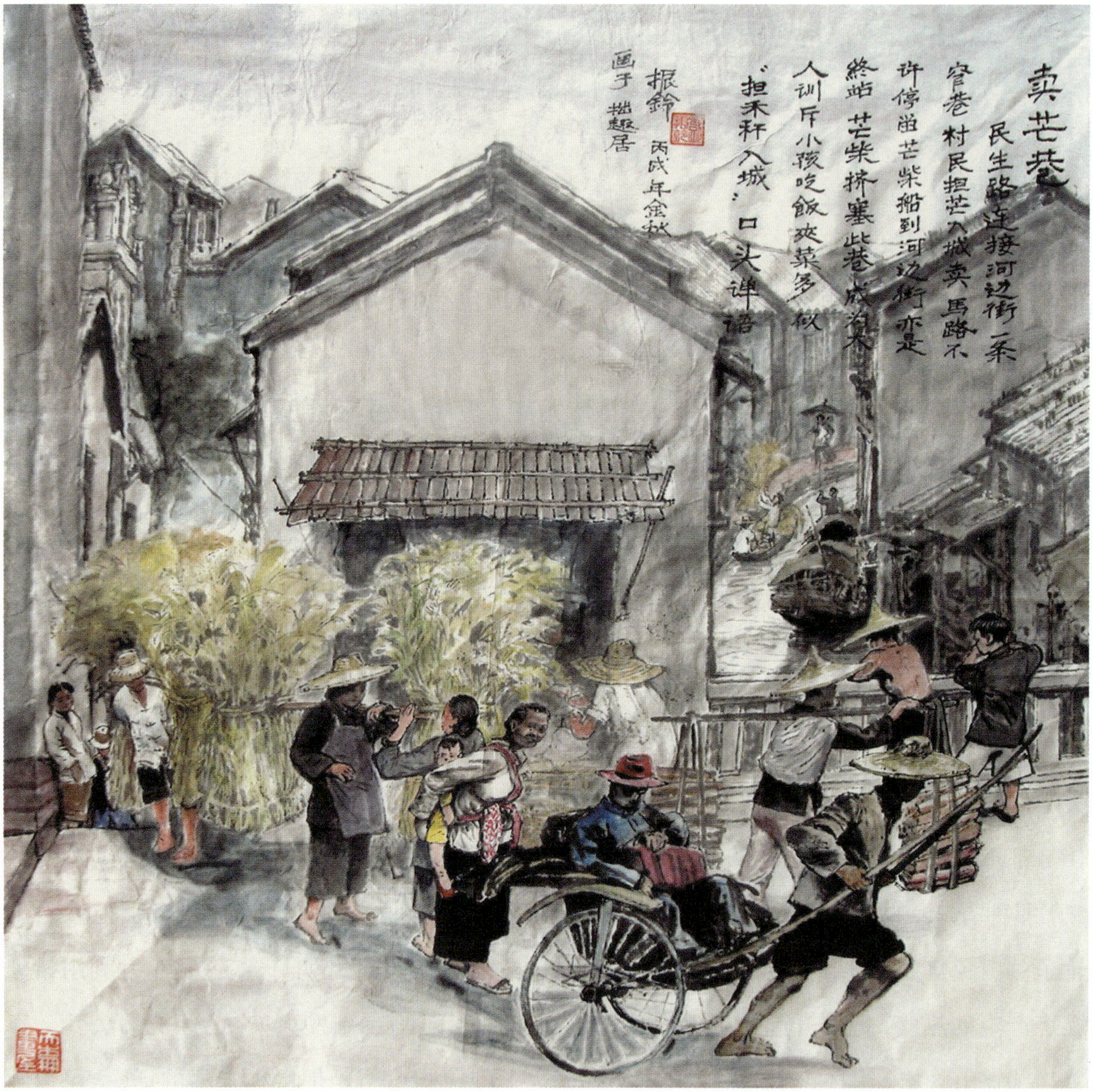
卖芒巷
民生路连接河边街一条
窄巷 村民担芒入城卖 馬路不
许停留 芒柴船到河边街亦是
終站 芒柴挤塞此巷成为木
人训斥小孩吃飯夾菜多似
"担禾秆入城" 口头禅語
振鈴 丙戌年金秋
画于拙趣居

卖芒巷

第十三节 重九登高放纸鹞

农历九月初九是民间的重阳节。把九月初九称为"重阳",是因为自《易经》开始,我国人民就把一、三、五、七、九等奇数看作阳数,把二、四、六、八、十等偶数看作阴数。九是个位数中最大的奇数,九九相连,就成了"重阳"。

中山人认为,重阳节那天到山上登高可以"转运"。这一说法源自南北朝时期吴均所著的《续齐谐记》。书中说,东汉时,方士费长房让徒弟桓景通知村民:九月九日瘟神又要害人了,所以到那天要登山躲避,到时把红茱萸装入红布袋,绑在手臂上,并带菊花酒在山上饮,瘟神就无可奈何了。九月九日那天,瘟神果然来到山下,但因菊花酒刺鼻,茱萸香刺心,不敢上去。桓景奉师命下山,终于把瘟神斩于剑下。傍晚人们回村,发现"鸡犬牛羊,一时暴死"。于是,重九登高的习俗,就这么一代代流传下来,成了民俗。

"茱萸"属茴香科落叶乔木,据说插了可以辟邪。唐代诗人王维就写过这样的诗:"独在异乡为异客,每逢佳节倍思亲。遥知兄弟登高处,遍插茱萸少一人。"说明在古代中原,重阳登高原有慎终追远,缅怀先人的意思。

大概由于中山不产茱萸的缘故,中山人登高很少想到茱萸,倒是因为桓景传说的影响,更相信登高能够"转运"。中山人到了重阳,惯常早起三更,成群结队前往五桂山等较险峻的山岭,随身携带香烛冥镪之类到山上焚烧。山火往往因此而生,其实极不可取,所以有关部门已明令禁止携带火种上山。

中山不插茱萸,取代它的是放风筝(古时又称纸鸢、纸鹞),这种习俗直至民国初年还很流行,因而当地民谣中有"九月九,去登高,扯高纸鸢望天流,滞运流尽好运到,长命百岁步步高"的说法。平时放风筝最怕线断流失,九月九那天却故意把风筝线扯断,据说"滞运"会随着风筝飞走。

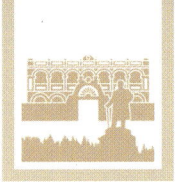

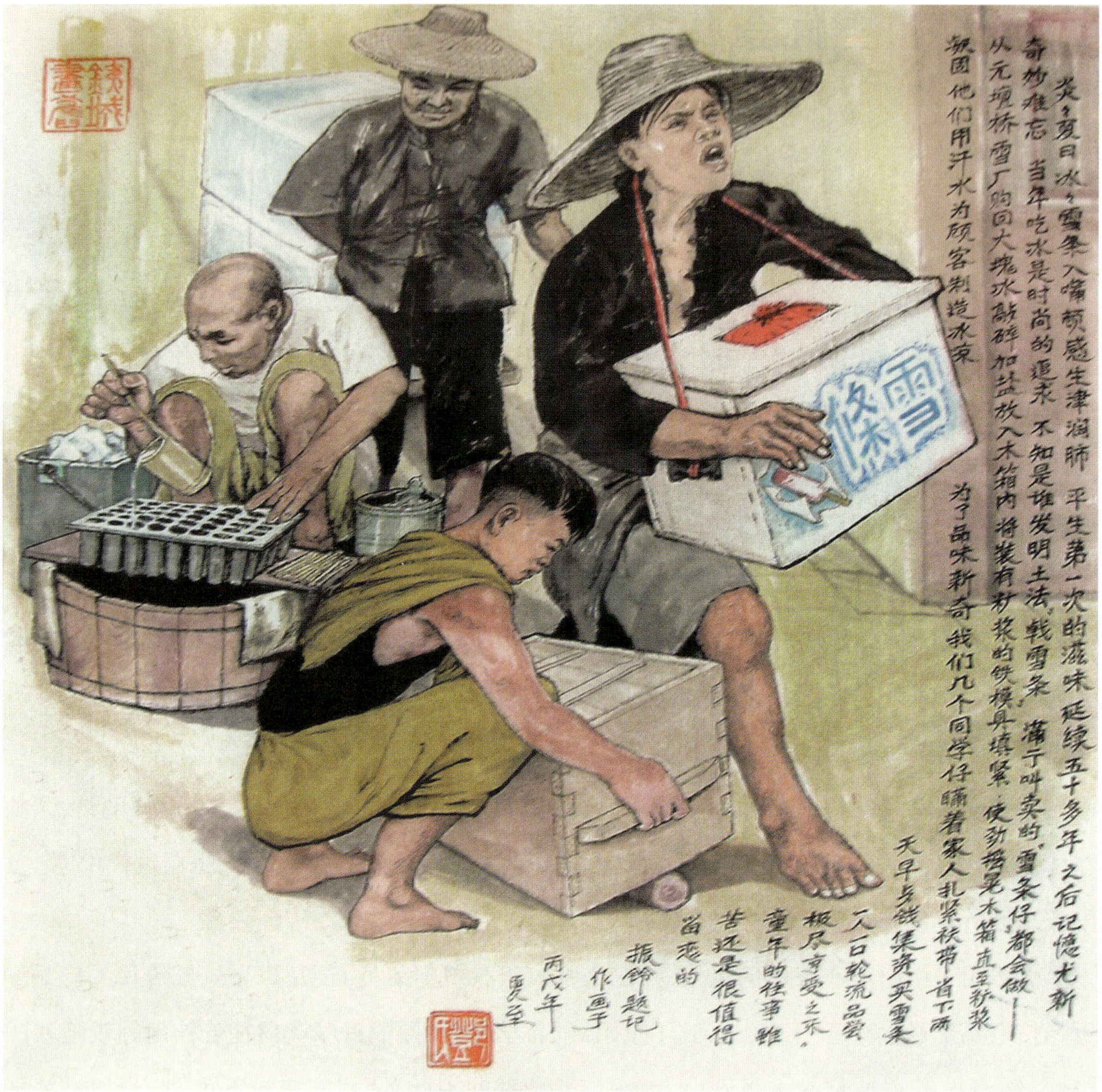

炎炎夏日冰冰雪条入嘴顿感生津润肺 平生第一次的滋味 延续五十多年之后记忆尤新
奇妙难忘 当年吃冰是时尚的追求 不知是谁发明土法"戟雪条" 潘丁叫卖的"雪条仔"都会做——
从元塘桥雪厂购回大块冰敲碎加盐放入木箱内将装有料浆的铁模具填紧 使劲摇晃木箱直至料浆
凝固 他们用汗水为顾客制造冰凉
为了品味新奇 我们几个同学仔瞒着家人扎紧裤带 省下两
天早点钱 集资买雪条
一人一口轮流品尝
极尽享受之乐。
童年的往事虽
苦 还是很值得
留恋的
振铃题记
作画于
丙戌年
夏至
雪條

卖雪条

第十四节 冬至煮汤圆

民间历来对冬至十分重视,把它与春节、端午、中秋并称为四大节日,甚至有"冬大过年"的说法。

在中山,人们常把"做冬"视作"团年",一年快要到头,一家人高高兴兴聚在一起过,因此需要煮汤圆酬神,答谢他们一年来的扶持、保佑。这就是《香山县志》所说的"以丸羹祀神"。到现代,煮汤圆拜神的习俗依然保留,时间一般在早上,所以有"朝冬晚年,晏昼⑤十四"的说法,意思是拜神的时间,三个节日各有不同,冬至是在上午,春节是在下午,而七月十四日祭祀祖先则在中午。

过去人们常把节令的气象特点加以神化,例如认为"七夕"的"河溪水""井花水"永不腐败;冬至晒制的干姜永不霉坏等。其实冬至前后风高物燥,的确是制作和保存食物的良机。古人世世代代的积累下来的经验,不少是符合科学原理的。

我国在古代历史上长期处于农业社会,一切节令大都与农事活动有关,通常在农闲的日子过节。冬至正处秋收大忙之后,抓紧这一余暇,庆祝丰收,缅怀先人,应该就是当年设置"冬至"节令的本意。

顺德记

第十五节 送灶君上天

在古代中山,从腊月二十三起,过年的气氛就渐渐浓了。所谓"腊月",就是农历的十二月。腊月二十四俗称"小年",所以腊月二十三晚上称"小年夜"。

过去,民间流传一种用木版刻印的灶神像,称为"灶马"。画像中,灶神(也叫灶君、灶王爷)头戴礼冠、身穿朝服、黑面长须、手捧玉圭,与"灶王奶奶"并肩端坐。

据说，灶神不止主管人们的起居饮食，还是玉皇大帝派驻人间的代表。一个家庭的大小事务，他一一看在眼里，也一一记录下来，腊月二十三那天晚上回天庭向玉帝报告。做了好事的人添福添寿，做了坏事的人折福折寿。

对于玉帝安插在家中的"卧底"，人们既敬又怕，但又无可奈何。唯一办法就是在他回天庭"述职"前，恭恭敬敬地"谢灶"，把他请出厅堂，给他焚烧金银元宝，讨他的欢心；给他煮糖糕、煎锅贴（中山人称为"薄撑"），用糯米粉和糖胶封住他的嘴，这才焚烧灶神像，恭送他上天；再在除夕，在厨房贴上新画像，恭请他回来。

关于"谢灶"日期，中山有"官三民四疍家五"的说法，即三种人的谢灶日期分别是腊月二十三、二十四和二十五，这也是封建社会等级制度在民间节令中的反映。

鱼虾香满咸鱼街

第十六节 应节食品

《香山县志》提到多种应节小食，这里一并加以补充说明。

首先是过年小食，就有煎堆、糖环、油角、年糕等多种。

煎堆 最具中山特色的首推煎堆。煎堆的主要原料是糯米粉，加食用油和糖水揉好，里面装上馅，下油锅炸。馅料以甜为主，可以是豆沙，也可以是椰丝或花生等，还可以装上猪肉等咸馅。下油锅前，先在生煎堆外层沾上一点芝麻，放下油锅后，需不断用铁丝编成的爪篱挤压，使粉料中的空气受热膨胀，煎堆便渐渐像气球般胀大，外皮炸得黄澄澄的，又漂亮又香脆。

糖环、油角 在煮煎堆同时，中山人还喜欢炸一点小玩意，首先是"茶果利"，"利"是谐音，形容它看起来就像动物的舌头（中山人称"舌"为"利"）。这是用煮煎堆剩余的糯米粉炸的，为的是博一个好兆头；再就是炸"糖环"，先将糯米粉加糖水揉好、调稀，再拿一个用铜（或铁）皮制作的金属模蘸粉浆，让它沾上薄薄的一层，然后连模带粉放到油锅炸，炸好后脱模，就留下一个又香又脆的"金钱"。此外，还有人炸"油角"，这是用面粉捏成的带馅的粉角，在油锅中炸成的。一般会预先揉好两团粉，一团油粉（即加油），一团水粉，用面棍或玻璃瓶压平后，叠在一起，之后反复对叠、压薄，每次压薄后都沾一层薄薄的干粉，使之不相黏结，最后捏成角状。炸成后，外壳有如千层酥，特别松酥可口。

年糕 中山人最重视的，其实是"年糕"。过去农家蒸煮年糕，一件（中山方言称为"抵"）要用几斗米。制法是，将糯米粉加糖水，揉好后，注进四周铺了蕉叶的竹蒸笼中，放进大铁锅里隔水蒸煮，由于体积大，一蒸往往就是24至48小时。一般家庭，从年二十五六便开始蒸糕，用于"压岁""开年"及分赠亲友。有人开玩笑说，年糕正确的叫法应该是"笨糕"，因为花了半年积累的粮食和糖，还有小山一般的柴草，全都用在蒸糕上了。

沙田地区的水上居民，喜欢蒸煮不加糖的白糕，当地人称为"白糍"。蒸好后，可以放进水缸内用水浸泡，要吃时取出，切片，像粉面那样煮食。

再就是"碱糕"。这是一种加入碱水蒸煮的糕，吃时浇上糖浆。可以即时吃，也可以切粒

中国风俗图志·中山卷

河边码头艇仔粥

晒干煮糖水吃，据说有止泻之效。用同样的方法，也可以裹制碱水粽，中山人称为"碱粽"。过去，要蒸煮碱糕、碱粽，须提前从野外挖来"金岗子"（一种野生的灌木）等树头，或收集香蕉树的树干（称为蕉头），焚化成灰后，经浸泡、过滤，就成了含钾的食用碱水。近年为了省事，商家多以稀释后的碱水代替，与天然碱水相比，原有风味可以说所剩无几了。

《香山县志》里所说的"黄叶仔糕"，就是南粤常见的"松糕"。"黄叶"指野生的山栀子，又称黄栀子，花很香，果实可作黄色的食用染料。不过，现在的松糕，已经没有人再用黄栀子做染料。

在粤式茶楼里，小食品种之多，数不胜数。中山的"石岐金咤""三乡粉果""沙溪茶果"就是其中名气最大的。

中山人对以花卉及野生植物入馔情有独钟，除在重阳节喝菊花酒外，还喜欢采集具药效的野生植物制作食物，例如田艾饼、三桠苦饼等，那就是《香山县志》所说的"百草药"。这些以花卉和野生植物制作的小食，通常正是过节时的特色食品。

农历三月三，中山有吃三丫苦糕饼的习惯。农历四月初八，中山人喜欢蒸制栾茜饼、田艾饼。栾茜和三丫苦都是野生树叶，田艾是田边的小草，都有清热解毒、防治疫症的药效。

到了五月端午（或七月十四），中山人又喜欢把芦兜叶卷成圆筒，里面装满糯米、咸蛋黄、绿豆、猪肉等，放在大锅蒸煮，那就是著名的中山"芦兜粽"。类似的，还有用荷叶包裹的荷叶饭，蕉叶包裹的年糕和粉果（俗称"叶仔"）等。

小榄的菊花馔闻名遐迩，屈指可数，有菊花鱼球、菊花酒、菊花肉、菊花羹等多个品种，足够摆成全菊宴。其他花卉制作的食物也很常见，荼薇酒、玫瑰露、玫瑰肉、桂花茶等，都颇负盛名，很受消费者欢迎。

荷花全身是宝，莲藕是常用蔬菜，莲子是重要汤料，莲梗、莲花、莲叶都可用来煲汤、煮糖水，属夏季消暑佳品。

今天孩子们喜欢的"啫喱"，是从西方传入的食物，其实在中山民间，也有用野生植物制成的胶状食物，那就是凉粉和茯苓糕。凉粉是用米浆和凉粉草合熬，冷却制成的，颜色黝黑；茯苓糕是用土茯苓（俗称"米仔头"）制成的，颜色较浅，又称"白凉粉"，都有祛湿解毒的功效。

注释

①腠祭：南方古俗，以食物祭神。

②饇：将食物放在盆里。

③鹻：碱性。

④邋遢：中山方言，污秽。

⑤晏昼：中山方言，中午。

第六章 婚丧习俗

　　婚俗文化是人类文明的重要组成部分。从远古的生殖崇拜，到婚姻制度的历史变迁，作为一种独特的文化现象，婚俗早已植根中华，无所不在地影响着所有成员的审美观与价值观，融入人们的家庭生活。

　　谚云："百里不同风，千里不同俗。"这在中山婚俗中表现得尤其明显。尽管千差万别，却总可在差异中找到共同之处。那就是，方言相同的地区，习俗大抵接近。即使方言不同，礼仪详略有别，也还是以中华民族公认的中原礼制为"本"的。

　　《香山县志》这样描述香山婚俗：

> 婚礼用槟榔，以当委禽。不通谱，无聘书，惟香山司、黄圃司独以此为重。贫不能备礼者，无聘书亦必通谱、冠礼。临娶，始行三加礼。花烛之夕设酌，洞房亲朋劝酒，曰暖房。娶之明日，拜舅姑，行庙见礼。又明日，婿从妇至其家拜见外舅姑。

　　文字虽然简约，但大体上已把概况勾画出来了，甚至还透露了一条重要的资讯。那就是：直到清代中叶，除在石岐、黄圃等设有衙门的地区外，其余地区并非全按中原礼制行事。但在居民密集、受中原文化影响较深的地区，婚俗已与中原差不多了。

　　以下我们就以石岐婚俗为主，介绍历史上的中山婚俗。至于不同族群的独特婚俗，随后也将择要介绍。

　　生、老、病、死也是一等一的人生大事。相传佛祖释迦牟尼出生后，他父亲净饭王害怕预言家的预言成真，不允许他迈出宫门半步。没想到，他成年后第一次出宫，就在城墙的四个门边分别见证了"生、老、病、死"，在知道世间还有如此不堪的事情后，释迦牟尼认为自

己需要想通并解决这些问题,于是舍弃王位出家修行,最终在菩提树下悟道,创建了佛教。而我们那些比佛祖生活年代还要早的祖先,早就懂得"生、老、病、死"是不可抗拒的自然规律,因此谆谆教导后人,要尊重和敬畏这些规律,并为此制定种种礼仪和规定。

本章将以适当篇幅,记载作为民俗的婚丧礼仪,以及为孩子祝福、为长者贺寿等民间习俗。

第一节 石岐婚俗

过去,青年男女缔结婚姻,必须有"父母之命,媒妁之言"。"媒",就是男方请来的媒人;"妁",就是女方请来的媒人。

在相当长的历史时期里,完整的婚礼必须包括纳采、问名、纳吉、纳征、请期、亲迎六个程序,名为"六礼"。到了宋代,人们觉得"六礼"过于烦琐,于是把它简化为纳采、纳吉、亲迎三项。

在此期间,男方需先后向女方送去三份文书,分别为聘书、礼书和迎书。聘书是定亲的文书,礼书是过大礼的文书,迎书是迎娶新娘的文书。

"三书""六礼"两项,就是中国婚姻礼制的基石。

这里先对《香山县志》里的"婚礼用槟榔,以当委禽"一语稍做解释:"委禽",是"纳采"的别称。在古代,男方向女方求婚,通常要送大雁作为聘礼。据说,那是因为雁是候鸟,每年秋分时节南去,春分时节北返,从不失信,喻男女婚前互守信约,婚后夫妻坚贞不渝。雁是随阳之鸟,喻妇人出嫁从夫;雁行有序,飞时成行,止时成列,迁徙中老壮雁率前引导,幼弱雁尾随跟紧,喻嫁娶之礼,长幼有序,不相逾越。不过,由于雁是候鸟,不容易捕捉,实际上多以其貌相似的鹅代替。至于"婚礼用槟榔",那是香山特有的传承下来的古越习俗,下文还要说到。

在"六礼"中,"纳采"是第一礼。男方欲与女方结亲,必须请媒人到女方家提亲,女方家初步答应,就可正式向女方家送去"采择之礼"。

"问名"是第二礼。要是女方接受"纳采",男方就可托媒人询问女方的名字和出生年月时辰,以便卜问吉凶。还可以进一步询问女方生母的姓氏,以便分辨嫡庶。过去封建社会民间对门阀、世系非常重视,询问范围有的还会扩展到门第、职位、财产甚至容貌、健康等。

"纳吉"是第三礼。男方父母将儿子的生辰八字交媒人带给女方,双方经过问名、合八字后,如果卜得吉兆,就由男方送礼给女方,表示希望订婚。到民国时期,为求程序简便,可把"纳吉"省去,只将写着女方八字的庚帖放在灶神前,三日内无异事发生,则可认为一切顺利。

"纳征"是第四礼,香山人称为"文定"。男方遵约向女方送去聘礼。经此程序,婚约即被确认。

"请期"是第五礼,香山人称为"择日",意即男家用红笺,将过礼日、迎娶日等事项一一写明,由媒人送到女家,并与女家商议婚姻的具体事宜。形式上,那是请示女家,所以称为"请期"。若女家同意,男家即把礼书、礼烛、礼炮等送去女家,女家则把礼饼分赠亲朋。

"亲迎"是最后一礼,意即前往女家迎娶新娘。

以下分述婚礼流程的部分细节:

上字架 过去,成年男子一般最少有两个名字,一个是"名",一个是"字",倘若是文人雅士,还可能有不止一个自取的"号"。以孙中山先生为例:孙中山家谱中的名为"德明",后又得名"文"。其中,"德"是按族谱要求取的。族谱规定,他这一辈属于"德"字派,名中必须带"德"字,他父亲再给他取个"明"字,合起来就是"德明"。"德明"是在亲人和族人间使用的,孙中山给卢慕贞夫人写信,署的就是"德明"。而"文",却是入读私塾时由启蒙教师替他取的,那才是他日后使用的名字。孙中山在他的一生中,无论著作、信札、文件,都署名"孙文"。

弄清名和字的区别,就可以说清什么叫"上字架"了。按中原礼制,儿子举行婚礼的前一天晚上,父亲要为儿子"上字架"。做法是,拜过祖先和门官、土地后,把事前为儿子订制的"字架"挂在正厅或书房的墙壁上,还要给"字架"簪花挂红。意在遍告乡亲:我的儿子要成家立室了。

"字架"是个宽约两尺、高约一尺五寸的木匾,上面用大字刻着即将成家立室的男子的"字",并以较小的字刻上他在族中按辈分排列的"名",还要刻上吉祥字眼。旨在告诉儿子:你已成家立室了,千万不要忘记祖宗世代的"根"!

过大礼 大约在婚礼前的15天到20天,男家择定良辰吉日,携带礼金和礼品送到女家。

在中山,男家送出的"大礼"大致如下:

礼饼若干,其数目于订婚时由男女双方商定,俗称"老婆饼";

生果篮(寓"生生猛猛");

椰子两对(寓"有爷有子")、特长精装龙凤烛两对(寓"长长久久");

男女家门联各一对,精装茶叶、芝麻各两盒(寓"女子坚贞,守信不移");

烫金礼金大"利是"封两个(装聘金用);

鸡、鱼、猪肉等若干,近年多以"利是"代替;

大礼盒(内装核桃、莲子、百合、红枣、有壳花生、荔枝干、龙眼干、红豆、绿豆、芝麻、茶叶等干果);

芙蓉、扁柏少许,"利是"两封。

女家的回礼大致如下:

金莲藕船(寓"佳偶天成")、石榴一对(寓"多子多福");

添丁姜、连理芋头(寓"添丁发财")、芙蓉、扁柏(寓"趋吉避凶")、橘子(寓"大吉大利")、红包两个、贺巾一对。

茶礼(松糕、金钱、茶果利、煎堆、红包等)。这里所说的"茶果利",是一种中山特有的油炸食物,无馅,其状如舌(在广东话里,"舌"就是"蚀",因而反其道而行之,读作"利")。

花轿 迎亲其实是远古"抢亲"习俗的变异。老祖宗早就懂得"同姓通婚,其后不繁"的科学道理。但那时,一个姓氏就是一个部落,不同部落之间很少往来,有时甚至处于交战状态,因而要娶其他部落的女子只能动手抢。几个大男人,悄无声息地按住一位外姓少女,用绳子捆成一团,绑在木杠上抬起就走,送回村子里和其中一位小伙子成亲,这就叫"抢亲"。

谁也想不到,到后来,当年那根木杠竟演变成大红花轿,捆绑手脚的绳索和镣铐,也演变为镶满宝石的手镯、戒指和项链。

坐花轿成为民间习俗后，新娘坐在花轿里，前有锣鼓八音开道，沿途掷放喜炮，后面是成群的迎亲、送亲队伍，好热闹的孩子们不管相识不相识都在后面奔跑追随。那情景，怎能不令头盖红布、正在憧憬婚后新生活的少女心里甜丝丝、喜滋滋呢？作为婚礼道具，花轿现已退出历史舞台，但作为"印记"，大概还会长期活在人们心里。

嫁妆 嫁妆是女家身份与财力的象征。当女家把嫁妆送到男家时，人数愈多，代表女方的面子越大，家底越厚。嫁妆抬到男家后，男家亲朋好友出来迎接，称为"迎妆"。女方的嫁妆，除珠宝金饰和各款家具外，还有许多寓意吉祥的物件：痰盂称为"子孙桶"，木尺称为"子孙尺"；花瓶代表"花开富贵"；铜盘及鞋寓意"同偕到老"；银包、皮带代表"腰缠万贯"；剪刀代表"蝴蝶双飞"；此外，还有龙凤被、床单及一对枕头，祝福新人"恩爱缠绵"；片糖比喻"甜蜜幸福"；龙凤碗筷称为"衣食碗筷"。

安床 婚前数日，女家会选定吉日，请多子多孙的"好命婆"到男家安放新床，并撒上红绿豆、莲子、红枣、桂圆、核桃等喜果。安床后，再从亲属中挑选一位健康的小男孩，让他在床上欢蹦乱跳，那就叫"压床"，寓意"开枝散叶，早生贵子"。

安床时，大妗姐边整理被褥边念"铺床铺席先，五男欢跃在床边，夫妻和顺乐绵绵"。到张挂罗帐时，再念"新挂帐，四角齐，四边珠帘高低，三年抱两苏虾仔"。此外，还要给新房安放大小油灯各一盏，洞房花烛夜时点燃，寓意"添丁（灯）"。

床安好后，直到成亲，任何人都不可以在床上睡，孕妇、戴孝者及有月事之女性不能进房，以免"相冲"。

开脸与上头 婚嫁前一天，伴娘要为新娘"开脸"。开脸又称"绞面"，其法是先用白粉涂脸，用线为新娘绞净脸上的汗毛。开脸后，上轿前，新娘务必留在家中，由闺中姊妹、密友做伴，那叫"上阁"。民间把出嫁称为"出阁"的说法由此而来。出门前，大妗姐还要为新娘梳头，把原来的大松辫梳成发髻，寓意即将嫁作人妇。为讨吉兆，大妗姐边梳边唱："一梳梳到尾，白发又齐眉；二梳梳到尾，夫贵又妻荣；三梳梳到尾，早生得贵子……"

迎娶 当男方的迎亲花轿抵达女家时，新郎身穿长衫马褂，头戴金花礼帽，肩腰斜披红带绣球，紧随花轿前往。不过，新娘的姐妹们会将家门反锁，不让新郎进门，循例向新郎索取红包，俗称"讨开门利是"。陪伴新郎前来的男性伙伴，则七嘴八舌与女家讨价还价，直闹

至吉时将到并送出红包后,新郎才能接出新娘。此时,新娘在大妗姐的陪伴下步出闺房,然后关上大门,先是拜祀祖先,接着依次向坐在厅堂正中的父母双亲敬茶拜别。

随后,新郎背着穿裙褂、戴凤冠、以霞帔(古称"盖头",一般是红色方巾)盖面的新娘上轿。也可由大妗姐搀扶,用打开的红伞遮着新娘的脸,掩护新娘上轿。伞是"散"的谐音,寓意"开枝散叶"。与此同时,随行姐妹边走边撒米和红豆、绿豆、金纸碎,俗称"喂金鸡",据说可防止"金鸡"啄新娘。新娘上轿后,送亲队伍先鸣炮,再让轿夫起轿,将新娘抬往夫家。走在轿旁的大妗姐,则不停与新娘密语,提醒她各种应知事项。迎亲队伍往往故意在城区兜圈,寓意"行大运"。

到达男家门口时,鞭炮齐鸣,新郎接过家人手中竹盒,手抓白米撒向轿中,再用右脚轻踢轿门三下,俗称"踢轿门",示意新娘到家。其后,新郎打开轿门,让大妗姐背起新娘(或搀扶新娘下轿),从男家门前的火盆(其内燃烧着禾秆、香茅)跨过,进入男家,俗称"过火堂",据说可以"消灾辟邪"。

大妗姐把新娘领进新房后,先让她稍事休息,然后将她领到厅堂与新郎拜天地、拜祖先,并向家翁家姑奉上用红枣、糖莲子、糖莲藕泡制的"心抱茶"。家公、家婆饮过茶后,致送儿媳金、银首饰及"利是"。随后,新媳妇在家婆引导下,由内到外、由长到幼、由亲到疏,为前来观礼的长辈奉茶,每人敬送新毛巾一条,长辈们则把利是或首饰送给新娘作为见面礼。敬茶时,大妗姐在一旁不停说"新老爷饮过心抱茶,心抱听晒公婆话,富贵又荣华""茶到口,钱财就手"之类的吉祥语。

还需解释一下:为什么称媳妇为"心抱"?据说,那是因为身为老爷的日后总会对儿媳爱护有加。碍于身份,自然不便"抱"她,只能以"心""抱"之,故称"心抱"。不过,也有把"心抱"写作"新抱"的。

交杯合卺 新郎、新娘拜堂后,男家会在家中或祠堂设宴招呼宾客。新娘则不断换嫁衣,展示新娘的美丽和娘家的富有,并向来宾敬酒。其间,大妗姐紧随新娘身后,一边以吉祥语与宾客周旋,有时还要代新娘饮酒。安排座位时,通常把新娘的舅舅排于首席首位,俗称"舅公老爷坐上位"。婚宴结束时,新郎、新娘和家公、家婆等,列队在门口送客。客人送走后,才双双进入新房,点燃花烛。这就是民间常说的"洞房花烛夜",也称"合卺"。

女方出阁,男方迎娶,前后忙了大半天,未能好好地吃点什么。于是婚俗特意为他们设计了"眠床饭"。所谓"眠床饭",就是将饭菜盛于米筛,摆在临时放到床上的小桌上,夫妻二人对坐,在大妗姐的祝祷声中,夫妻二人互相敬酒,每道菜都尝一些,象征从此开始过夫妻生活。

闹新房　"交杯酒"饮过,"闹新房"随即开始。"闹新房"也叫"耍新娘"。

"闹新房"有"文闹""武闹"之分。文人雅士的"文闹",无非是出题让新郎、新娘吟诗作对,弹琴唱歌;至于"武闹",则是在新房中嬉戏打闹,赖坐在新床上谈天、猜枚、行酒令、打牌,时有过火行为出现。

近年由于婚礼仪式简化,主家多选择在酒楼摆宴,客人们按请帖注明的时间前往酒楼,现场致送红包,多数人不知道新房所在,更谈不上闹新房了。

三朝回门　不管"闹新房"闹到多晚,身为新媳妇,第二天定要五更起床,先是打扫厅堂,燃点香烛拜祭夫家堂上历代祖先,然后焚香烧烛拜祭水井,俗称"拜井泉龙神",挑水回家后再拜灶君。直到煮熟婚后第一顿早饭,才能沐浴更衣。天刚亮,新媳妇就要步出厅堂,斟茶递水,拜见早在那里等候的老爷、奶奶。老爷、奶奶吃过早饭,也会循例给媳妇斟酒,表示接纳媳妇。

婚后第三天,新娘在丈夫陪同下回娘家探望父母,俗称"三朝回门",文雅的说法是"于归""归宁"。新妇回门这天,同时也是岳父、岳母"请姑爷(女婿)"的日子。

新妇回门,一般要穿全套裙褂,除了带备饼食、酒、生鸡、猪舌(读作"利")、水果、生菜(寓"风生水起")、葱(寓"松松动动")、伊面(寓"恩爱缠绵")、甘蔗(寓"有头有尾")等礼物外,最被娘家重视的,莫过于男家是否抬来"金猪"(即烧猪)。送金猪,表示已查验明白,新娘确实冰清玉洁。女家收到金猪后,立刻分赠亲友邻里,以示女儿有家教,没有辱没娘家门楣。

婚姻禁忌　婚姻关系新人一辈子的幸福,所以在讲究吉庆的同时,也需要定下许多禁忌。例如,由始至终,都讲究"意头",不吉利的话不能乱说。这些与婚姻相关的禁忌,不能简单地将其斥为迷信,而应该多从心理学的角度去尊重它。

第二节 小榄的"扎蒌脚"

小榄是中山北部重镇,先民来自南宋时期的中原,文化底蕴深厚,因而在处理婚姻大事时,基本按中原地区的"三书六礼"行事。

小榄婚俗中,最独特的是"扎蒌脚"。

在男女双方同意缔结姻亲后,男家会请相士择定吉日,并通知女家。女家若是接纳,婚期就算定下了。男家在告知女家吉日的同时,会把正式庚谱连同部分礼金、礼饼、鹅、酒、吉果送至女家。其中,"槟榔蒌"必不可缺,同时送去的,还有石榴、椰子、茶叶、莲子、百合、扁柏、红枣及片糖等,称为"扎蒌脚"。"扎蒌脚"后,两家的姻亲关系就算确立,相当于现代人的"订婚"。

所谓"扎蒌脚",其实是古俗"婚礼用槟榔,以当委禽"的现代版本。清初学者屈大均在《广东新语》中指出"蒌与槟榔,有夫妇相随之象,故粤人以为聘果",他列举六朝民歌作证,歌云:"欢作槟门花,侬作扶留叶;欲得两成甘,花叶长相接。"歌里的"槟门"和"扶留",就是槟榔和蒌叶的别称。小榄人将蒌与槟榔合二为一,绑成蒌卷,名为"槟榔蒌",寓意夫妇相随,永不分离。

"扎蒌脚"习俗并非小榄专有。其他水上居民聚居地,大都有近似的习俗。这就说明:小榄婚俗虽以"三书六礼"为主,但并不排斥水上婚俗的因素。例如"扎蒌脚",往前追溯,是可以追溯到香山原住民即古越人的婚姻旧俗的。

顺带说一句,在以县城石岐为中心的城乡,"婚礼用槟榔"的古俗虽不可见,但男女双方互送礼物时,一般都不忘送去芙蓉、扁柏、莲藕等。"芙蓉"代表女子容颜,"扁柏"代表男子英姿,"莲藕"代表共谱连理,广义上可以视作"婚礼用槟榔"古俗的延续。

在小榄南部农村,在"上字架"同时,还有一段名为"采花枝"的"小插曲",做法是将一小束事前从荔枝或龙眼树折来的枝叶插在米筐上,筐上贴红纸,枝叶挂"利是",请亲友即兴"耍高堂"(民歌对唱),寓意开花结子,大吉大利。"采花枝"是水上习俗,"上字"则源自城里，二者并不排斥。

还有一个与婚礼相关的民间俗语须做解释，那就是"戤穿石"。

"戤穿石"一词源自"戤猪石"。过去，农村人挑猪到墟场卖，常会遇到以下情况：猪只有一头，或猪苗总数是单数。两边重量不均，担子就难挑了。解决办法只有一个，就是在轻的一头加石头，以求两边平衡，这块石头就叫作"戤猪石"。在传统婚礼中，由于新娘总有姐妹陪伴，新郎迎亲时，姐妹往往借题刁难新郎，不让新郎轻易将新娘接走，新郎只好依靠兄弟班协助摆脱困境。这些兄弟班和姐妹团，对婚礼而言，犹如在猪担中起平衡作用的"戤猪石"，因而被谑称为"戤穿石"。

第三节 疍家的水上情歌

水上居民原称"疍家人"，聚居在沙田地区。沙田在中山分布甚广，大都是清中叶后才在泥滩上围垦而成，一般不到200年历史。水上居民上岸务农，源自新垦的沙田急需劳动力，当时民田区农民一般不愿前往，"大耕家"只好向水上居民招租，或者直接雇用他们耕种。因而水上居民上岸定居同样不到200年历史。在此以前，水上居民以打鱼和运输谋生，谁也说不清自己的"籍贯"。直到上岸定居后，才把定居地视作家乡。

过去，水上居民很少与陆上人家通婚，世代均于族群内互结姻亲。直到上岸定居后，才因与周边居民接触、沟通，婚俗逐渐带上定居地的地方色彩。整体而言，水上居民的婚嫁习俗，除用语不同外，与陆上人家已无区别。同样讲究明媒正娶，按"三书六礼"原则办事。

水乡婚礼流程大致如下：

开年生：男女双方把自己、父母、爷爷奶奶三代人的出生年月时辰出具给对方，让对方请算命先生卜算。

相睇：经媒婆拉线说亲，相约见面。

开"礼单"：指的是女方父母开列给男方的聘礼清单。

压萎脚（亦即订婚）：与小榄"扎萎脚"相似。就是男方给女方送去一对槟榔果，以及糖果、金橘、茶叶等。女方若是收下礼物，就表示同意订婚。对青年女子而言，意味着"食人茶礼"；对男方而言，那叫"剪头中"，意即在小鸟头顶剪去一撮羽毛，留下标志，此后再不要乱飞乱跳了。

择日成亲：订婚后，在为女儿办嫁妆时，有的父母会为女儿留下三五个禾秆头，寓意赠送女儿三五亩田，希望他们婚后安居乐业，勤劳致富。

余下程序，还有采花枝、挂新字、接新娘、拜堂、斟过堂茶、渡水饭、玩新娘、返满月、落家等。

婚宴当晚，女家姐妹以送"渡水饭"为由，成群结队到男家，表面上是给新娘带去她平时爱吃的饭菜，实际上是借故到男家，为自己物色如意郎君。

水上居民的封建意识比较淡薄。虽在形式上听从"父母之命，媒妁之言"，但因常在水上劳作，青年男女彼此并不回避，因而自由恋爱之风甚盛。用咸水歌表达爱情，是他们生活中不可或缺的组成部分。

以下的古腔高堂歌《钓鱼仔》，就是一首流传甚广的咸水歌：

> 你是钓鱼仔定是钓鱼郎？我问你手执鱼丝有几多十壬长？有几多十壬在海底？有几多十壬在手上？还重有几多十壬在船旁？

这首歌是陌生男女"对歌"的"序曲"。歌中的"壬"，是渔家常用的长度单位，大约相当于双手张开的长度。歌中，发问的是位未婚的大姑娘，她用歌询问对方是钓鱼仔还是钓鱼郎，实质问对方成家了没有，男方若未成亲，可以在答歌时告诉她：

> 我是钓鱼仔又不是钓鱼郎。我手执鱼丝有九十九壬长。三十三壬在海底，三十三壬在手上，还重有三十三壬在船旁。

第四节 隆都的"请姑爷"

沙溪镇和大涌镇过去合称"隆都",住在那里的人,说的是闽语系的"隆都话"。

隆都属于民田地区。民田与沙田的区别,主要是民田开发年代较早。以隆都为例,香山立县后不久即开始围垦,人口稠密,因而讲究精耕细作,不像沙田那样总是粗放式耕作。

住在民田地区的人文化程度较高,与县城人的交往也较频繁,因而处理婚姻大事时,基本上遵从"三书六礼"的古训。

隆都婚俗中,最独特的是"请姑爷"仪式。

在隆都,新郎一般要在婚礼的第二天以新女婿身份面见岳父,称为"庙见",意即到岳父家参拜女家的祖先。此礼共分两步进行。

早上八九时,先由事前安排的"祝婆"把新娘从夫家带回娘家。

其后,新郎坐凉轿(四面通风,二人抬,俗名"兜"),随后是司礼人(俗称"佬仔")和担"帖盒"的挑夫一同出发。到女家后,新女婿不能马上入门,而是必须在距女家还有一段距离时把"兜"放下。新郎端坐"兜"中,任由路人观看,称之为"看新女婿"。

与此同时,佬仔与担礼盒人先行到女家报道:"新姑爷已到!"

女家收下礼物和拜帖后,即回送请帖一张,并对佬仔说"请"。

佬仔快步走回新女婿"兜"前,手拿请帖向他作揖,口中说"请"。

新女婿此时仍须故不作答。于是,佬仔快步返回女家,说:"禀告老爷安人,新姑爷一请不动。"

女家换过第二个请帖,说:"给我再请!"接到第二请时,新女婿略一起身,然后坐下如故。

直至第三请,新女婿才起身,由佬仔拿请帖在前开路,慢慢跟着前行,直至女家门前。

此时,女家燃放爆竹,新女婿与排列门前接新女婿的人,逐一脱帽鞠躬致意。

新女婿入门后,需要暂在靠门处遥对祖先神位的地方等待。待司礼人点好香烛,摆放好烧猪、果盒等祭品后,才能上前向女家祖先行半鞠躬礼。(按古例,新女婿被称为"娇客",

故入门时须燃放爆竹表示欢迎,且"三请"才入。又:俗称女婿为"半子",故仅需行半礼,即稍稍弯腰鞠躬。女婿向岳父母鞠躬时,岳父母不能正面受礼,而要侧身相接,即只受半礼。)

拜过祖先和岳父母后,新女婿再与内兄、内弟、襟兄、襟弟逐一握手、鞠躬、请教姓名。其后,仍需退回原位。

此时,所有妇女均已躲入房中,不久,就有人在里面大叫:"大姑妈请见新姑爷!"此时,新女婿要走近冷巷口(冷巷,广东俗语,意即卧室一侧从大厅通往厨房的小道),向内一鞠躬,然后退回原位。里面又叫:"大姨妈请见新姑爷!"新女婿再走向前又向内一鞠躬。直至向伯母、叔母、姑妈、姨母、家姐等一一鞠完躬后为止。

至此,女家才摆开桌椅,请新姑爷入座,由细舅仔(新娘的弟弟)奉茶。饮茶后,新姑爷回赠细舅仔"利是"一封,以作酬谢。桌上摆满糕点、水果、花生、瓜子,主宾围坐,边吃边谈,谓之"摆茶碟"。至此,请姑爷礼完成。

新女婿"晋见"后,女家再择日请新女婿吃饭,饭菜可丰可俭,一般人家,一两席即可。

新娘出嫁后,弟妹们会在月内选择吉日,请女性长辈带他们到新郎家去,名为"做细舅仔"(哥、姐不能去)。在男家,他们会得到姐夫、家姐的糕点、饼食、茶果款待,每位细舅仔,还会得到姐夫、家姐和家中长辈各赠"利是"一封。

再过一段时间,就轮到新女婿回请岳父母了。在此以前,岳父母是不能到女婿家探望女儿的。女婿请岳父母时,女方兄弟、姐妹、叔伯及一众亲戚皆可随去,从此双方就可以不受拘束,随便来往了。

第五节 客家的"开叹情"

中山市内的客家人，主要聚居于五桂山。

五桂山的客家婚俗大致如下：

媒妁撮合：客家男女到了十六七岁，便有媒人上门提亲。在媒人安排下，男女双方虽然不能直接见面，但可以暗地窥视，窥视时通常不让对方知道。

"压日"：男女双方若是同意结婚，男方会择日向女方送订婚信物及礼物，包括"身价银"（礼金）、礼饼、茶叶、糖果等。

过门哭嫁：过门的前两天晚上，女方会把本族妇女和与新娘要好的未婚女青年请到家中话别，名曰"开叹情"。所谓"叹情"，就是借此机会将平时无处诉说的委屈用山歌唱出来，从愤世嫉俗唱到对婚姻的不满，唱到动情处，常会抱头大哭，引发全场女人哭声连天。直到应该出门时，还要推三托四迟迟不出。

上头：新娘出嫁前一晚，女家会按照事前择定的吉时，请子孙齐全的妇女替新娘梳头。上头时，大厅摆着八仙桌一张，桌上供着三支香、一对蜡烛、四碗甜汤丸、一把尺、一条红头绳和一面镜子。梳头妇女边梳头边说："一梳梳到尾，二梳梳到白发齐眉，三梳永结同心，四梳子孙满堂。"

出门：新娘出门前，先用柚叶煮水沐浴，再让新娘与陪嫁姑娘一起吃饭，最后一碗要留下大半碗，并夹上各样馔菜放在碗面，称为"大谷围"，寓意给父母和兄弟姐妹留下一围谷。其后，新娘换上嫁衣，由父兄打开大红雨伞和米筛，遮着新娘出门，母亲和送嫁娘则在门口，向空中及新娘伞、米筛顶撒米，以祈吉祥。

接新娘：由男家准备花轿，挑着装着龙凤礼饼、猪肉、鲜鱼、活鸡、莲子、花生的礼担到女家接新娘。

过火盆：新娘花轿到达男家门前时，候在门前的新郎会挑开轿门，拉着新娘跨过点燃禾秆、西茅草、桃叶的火盆进门，寓意新娘进门后旺夫益子。

拜堂：送嫁娘带新娘到厅堂，与新郎共拜天地及祖先神位，然后向翁姑和长辈敬茶，接受长辈礼物。

摆喜酒：按俗例，嫁娶双方均要举办酒席酬宾。

三朝回门（又称"请新女婿"或"转三朝"）：新娘在婚后第三天循例要回娘家，新郎则携生鸡（即阉过的公鸡）、"双飞"猪肉（即一对切成条状的大块猪肉，广东人称为两"刀"猪肉）、鲜鱼、煎堆及酒等礼物陪同前往；女家则设宴招待新女婿，宴罢，夫妇双双返回夫家。

挪七朝：婚后第七天，女方聚集亲属、族人、好友拜会男家，意在加深双方沟通，也借此显示女方人多势众，不可轻视。鉴于过去客家常受欺负，此次拜会，也隐含两家"结盟"之意。

客家人尊重"父母之命，媒妁之言"，但性格外向的，也会通过对歌找寻配偶，只要征得双方父母同意，就不算越轨。以下，就是一首著名的客家情歌：

入山看见藤缠树，出山又见树缠藤。生时看见藤缠树，死后还见树缠藤。

客家人长期住在深山，"山高皇帝远"，当地官府往往鞭长莫及。所以，他们虽然最迟从中原出发南迁，封建意识却最为淡薄，最富叛逆精神。同样是谈情说爱，他们就有水乡人所不敢想象的勇气：

风吹门板两边开，讲过要来就要来。灯芯搭桥我敢过，竹叶当船我敢来。
有菜无菜我唔嫌，穿绸穿缎我唔贪。只要两人情义好，咸盐配粥心也甘。

当爱情遇到重大障碍时，客家人也敢挺身而出：

有胆恋郎有胆当，唔怕门前架刀枪。只要两人情义好，要生要死妹来当！

这份勇气和担当，在当时深受"三纲五常""三从四德"观念荼毒的国人当中极为罕见。

写到这里，必须申明：以上介绍的，多为昔日婚姻旧俗。自民国初年起，婚俗已由繁入简。新中国成立后，随着《中华人民共和国婚姻法》的颁布，人们的婚姻观念发生重大变化，昔日婚姻嫁娶的烦琐礼节，已经无法适应节奏变快的当代生活。现在的男女青年，只要通过自由恋爱，互相认可，并到民政部门领取结婚证，便是合法婚姻，受到法律的保护。

第六节　昔日婚姻陋俗

在封建社会，礼教沦为统治阶级维护专制统治的工具。反映到婚姻礼制上，就是那些不近人情、违背天理的陋俗。

过去国内普遍存在的婚姻陋俗，例如买卖婚姻、三妻四妾、冲喜、童养媳等，其弊不言自明，不拟赘述。这里记录的，主要是具有香山特色的婚姻陋俗。

不落家　《香山县志》中有这样的一句话：

> 黄圃、小榄、海洲诸乡，染顺德余风，既嫁尚多不肯归其夫家者。

这段话的意思是：在中山部接近顺德的小榄、海洲一带，普遍存在"不落家"的现象。所谓不落家，指的是新娘出嫁后，名义上是夫家的人，但自回门之日起，就留在娘家居住，只在逢年过节或丈夫、翁姑生日时才返夫家小住一日一夜，甚至只回半日且不留宿，直到怀孕或婚后满三年，才会正式到夫家长住，名为"落家"。

清末，古镇海洲曾发生这么一宗"砸镬引妻"的真实个案：欧姓的女子嫁入袁家，为了"不落家"，洞房之夜，故意设置一个小火炉为丈夫泡茶，与丈夫谈到通宵。天亮侍翁姑后，随即回娘家长住。每年只到重大节庆，才回男家一次，傍晚即走，丈夫袁某为此苦恼非常。有人献计说，你可事前准备一块大石，等娘子在娘家下厨时，故意闯进去把镬砸烂，引外父外母出来，再向他俩说明一切。袁某依计行事，把外父外母引了出来。他于是趁机诉说"娶妻五年，做了五年寡佬"的苦处。外父对他素有好感，于是出面劝说女儿早日"落家"。欧姓女子其实对丈夫也有好感，只是碍于习俗，不好意思"落家"而已。父亲一劝，马上顺水推舟，说愿意随丈夫回家。至此，二人才真正做成夫妻。

"不落家"旧俗，反映的是女家无视女儿幸福的私心。小榄一带讲究深耕细作、养蚕缫丝，劳动力十分宝贵。女家以不让女儿随夫生活的办法，拖得一年算一年，直至怀孕生孩子为止，短期内，家中确实多了一个劳动力，但小夫妻却被活生生地拆开了。

自梳　"不落家"的进一步演化,就是"自梳女"的出现。

过去,珠江三角洲的未婚女子,背后大都拖着一条长辫,俗称大松辫。结婚时,由母亲替她把辫子挽成一团紧贴脑后,这就是"髻"。所谓"梳起",就是通过特定仪式,自行将辫子挽成发髻,以示永不嫁人。女子"自梳"后,就被称为"自梳女"。在过去,终身不嫁的妇女被人叫作老姑婆,自梳女聚居的地方就叫"姑婆屋"。

青年女子为什么"梳起"?据考证,这一现象最早出现于明代中叶,与养蚕缫丝业的兴起有关。养蚕工作繁重,忌讳诸多,通常认为只有处女才适合做。于是,村姑们为了养蚕,失去了谈婚论嫁的机会,等到年华老去,想嫁也嫁不出了。为了年老后有所依靠,这些年纪大的自梳女常会收养小女孩,以承继她们的养蚕工作,也承继她们的姑婆屋。

"自梳"的另一个原因是逃避包办婚姻,或因害怕出嫁后受男家虐待,或因金兰姐妹间的一时冲动,总之是年纪轻轻就决定"梳起不嫁",从此入住姑婆屋。

"自梳"仪式通常在姑婆屋举行,当事人须事先购备新衣、鞋袜、妆镜、头绳及香、烛、菜肴等,用黄皮叶煮水沐浴后,在姐妹陪伴下,在观音菩萨面前立誓永不婚嫁,随后由年长的自梳女将她的辫子梳成发髻,更换新衣新鞋,并向其他自梳姐妹一一行礼。经济宽裕的,还须摆酒宴客,举行仪式后,即成自梳女。自梳女可以住在娘家,采桑缫丝,自食其力,闲时到姑婆屋与众姐妹聚会。但到年老或病危时,必须移居姑婆屋,不能在娘家去世。

凡是"梳起"的女子,按当地习俗,父母是不能强迫她嫁给男人的,即使从小订下婚约,男家也不能强娶。当然男家也可以要求赔偿已付出的礼金和其他费用,这些费用通常会由结拜姐妹们共同负担。

而在另一方面,一旦成了自梳女,那就终生不能反悔。如有不轨行为,必为乡里所不容,甚至会被装入猪笼投河溺死。

守清　"守清"又叫买门口,即自梳女找一死人出嫁,做死者名义上的妻子,以便将来可以老死夫家。为此,自梳女要付给婆家一笔钱"买门口"。

"守清"是守节之意,某家有夭折的男性,不论童子还是成年,只要死者家长同意,自梳女就可出钱"买"作该家的媳妇。买成后,要举行"拍门"仪式。所谓"拍门",就是自梳女到婆家认作媳妇时,婆家先把门关上,让自梳女"拍门",阿婆则在屋内问:"我家清苦,你能守吗?""以后不反悔吗?"自梳女必须回答,直到阿婆满意。自梳女进了门,就算是该家媳妇。

以后，必须在经济上时时贡纳给婆家，翁姑死时还要以媳妇之礼执丧。

娘子出家　也有女子无法反抗包办婚姻，但为环境所迫，既不能"梳起"，又无法逃出家门。只好在婚礼后，利用"三朝回门"的机会，一去不返，从此长住娘家。这种妇女，名为已婚，实则仍是独身。

为了保持身体不受新婚丈夫侵犯，蓄意"不落家"的妇女，会请金兰姐妹为她秘制防卫衣服，让新郎无法扯开，并带剪刀自卫，不让新郎贴近。新郎若以暴力相逼，即高声呼救，金兰姐妹们闻声自会前往解救。但在名义上，她仍然是该家媳妇，夫家如有红白大事，还须回去照应。若遇翁姑或丈夫去世，更须亲自前来尽孝执丧。由于名义上已是别人家媳妇，因而病危时不能留在娘家，必须回到夫家待终。弥留期间的饮食、医药及身后费用由女家负责，死后，由夫家以主妇之礼办丧事，遗产留给妾侍或庶出子女。也有不回夫家，死在姑婆屋或尼姑庵里的。

还有另一种情况，即已婚妇人以"不落家"为名，外出当佣工，过独身生活，目的是逃避夫妻生活，但在名义上仍然保留原来的婚姻关系。稍有积蓄，即出钱为丈夫娶"平妻"（又称二娘），让她为夫家生儿育女，并以个人劳动所得，不时资助丈夫维持家计。终老时，则在夫家殓葬，由平妻所生子女负责拜祭。平妻子女及旁人对这类女人的称呼，一般是在她的本姓前加上夫家的姓，称为"××氏大妈"。

公鸡拜堂　结婚前，新郎突然出走，或出洋做工或求学等，不能及时返家成亲，而女家又不肯改期时，男家会请大姈姐抱着只大公鸡，代替新郎与新娘拜堂。拜堂后，这只公鸡会放在专设的鸡笼里饲养，直到自然死亡。与公鸡拜堂的女子，往往由于丈夫不归而寡居一生。

冥婚　过去，富有人家常在未婚儿子死后，为其物色另一位已经死去的未婚女子择日成婚，这就叫作"冥婚"。迎娶之夜，男家用轿把神位抬到女家迎娶，女家则将纸制鬼衣及竹纸扎作的嫁妆，抬至男家供拜焚烧。其后，男家为鬼夫妻设灵位于神楼，选择一名侄辈作为继承人，男女两家从此算作姻亲。

姑娘嫁鬼　昔日香山，还有一种名为"姑娘嫁鬼"的陋俗。

《香山县志》上有这么一宗真实的个案：有位姓曹的姑娘，由父母做主，与一名名为萧作梅的男子订下婚约。没想到，她14岁时未婚夫突然去世。听到噩耗，她不仅立刻前往奔丧，还搬到夫家，自认儿媳妇，将未婚夫的一位侄儿认作继子，靠纺纱织布将他抚养成人。就这

样,她以未亡人身份孀居夫家42年,后来还受到当地政府的表彰。

在封建礼教盛行的年代,胁迫妇女"孝节殉夫"之类事件时有发生。已经纳聘但未完婚的女子,包括指腹为婚,幼年纳聘者,即使未婚夫未娶先死,也是"生为×家人,死为×家鬼"。那些在未婚夫死去后才嫁给"鬼夫"的女子,于迎娶之日,还得打扮成新娘,由花轿抬入夫家,从此幽居夫家,直至死亡。即使有人以死抗争,夫家仍可能强行将女尸灵柩与亡夫合葬。

以上陋俗,都源自封建礼制下的"男尊女卑"观念,导致妇女成为男子的附属物,千百年来处于受压迫、受欺凌的地位。妇女为什么自甘寂寞终老,或做死人名义上的妻子,或做活人名义上的妻子,还要穷其一生供奉男家?无非为了死后有个"名分",可以把"××氏"三字添在"丈夫"的牌位上,避免落入传说中成为孤魂野鬼的悲惨境地。自五四运动和新文化运动以来,上述陋俗已为人们所摒弃。新中国成立后,政府正式颁布《中华人民共和国婚姻法》,明文规定保障男女婚姻自由、一夫一妻、男女权利平等、保护妇女和子女合法利益,凡是与此相违背的,一律明令禁止,种种婚姻陋俗终被彻底清除。

第七节 丧葬旧俗

中国人历来重视孝道,甚至有"以孝治国"的说法。自秦汉以来,世居中山的,都是中原移民后裔,孝道在他们心目中的位置不言而喻。

然而,重视不等于铺张,所以《香山县志》谈到香山的丧葬习俗时,用了一句言简意赅的话:"县城葬礼尚简。"

对丧葬大事,中山人主要遵从两个原则,一是"入土为安",二是"事死如生"。

过去，中山人认为，人应该死在自家床上，才是"寿终正寝"。即使在医院留医，病危了也得赶快把病人接回家里。须将垂危病人停放于正厅，那叫"出厅"，须将其脚朝门外，那叫"倒头"。儿女亲属围在床前，等待病危者咽下最后一口气后，随后把红红绿绿的悬挂物以及镜子之类全部撤走（或覆盖），接着是守孝，点燃香烛，焚烧金银冥镪，由孝子（无孝子则由侄子或雇人代替）捧瓦盆到水边"买水"（象征性地给死者洗脸）。入殓前，死者脚前，还得放纸扎童男童女一对，称为"床尾公仔"，是安排在灵界侍候死者的。此外，还须在厅堂摆设"灵堂"，供亲友前来吊孝，为了让远道亲属"奔丧"，有的人家会把尸体停放多天（也是为下葬择个好日子）。

过去，中山人把丧事称为"白事"，流程如下：

报丧 家人死后，马上派人逐一向亲友报丧。如果死者是妇人，必须先向外家报丧。亲友接到讣告后，要亲往吊唁，并向丧家馈送"被金"（又称"帛金"），也有送去祭幛或挽联的。

哭祭 过去，中山不少地方都有妇女席地而坐，在死者遗体旁哭祭的习俗，称为"哭奶吔"①，调子近于用哭腔唱的咸水歌。

担幡买水 殡殓之日，多请道馆中人（俗称喃呒先生）主持，死者长子手捧水盆当先，其余子女按长幼顺序，先男后女随行，抵达河边后，以钱币投入河中，再用盆盛水。仵工就用这些水为死者洗涤身体，换上新衣，俗称"买水"。

殓棺 请仵工搬尸、钉棺。

送殡 出殡也称"上山"。由长子捧灵牌，头戴麻冠，身穿孝衣，腰系白带，足蹬草鞋先行，其余亲友尾随，沿途散发纸钱，至预先指定的辞灵地即止。辞灵后，送殡队伍循原路返回灵堂，棺木则继续上山，戴孝子孙携香烛至墓穴前，在遗体安葬后与先人拜别。

寿宴 如果死者属于高寿，主家还要设宴待客。届时，菜一般只上七道，俗称"吃七"，不设酒。赴宴者常向丧家取瓷碗，以盛席上饭菜包点带回给家人吃，认为吃了可以像死者那样长寿。办完丧事之后，丧家还会给子孙、叔侄等分发碗、筷、刀、利是等，俗称"分孝"。

自死者死亡之日算起，第七天称为"头七"。是日，富家会请僧侣道众为死者"打斋"超度，直至七七四十九天"完七"。其间会请喃呒先生卜算"回阳"日期和时辰，据说，是时亡魂会由鬼差带回家看望子孙，从此阴阳永隔，所以也得摆上祭品。

上述土葬仪式，主要出现在生活上过得去的家庭。因家境贫寒，只能以薄棺殓葬，草草了事的也为数不少。

县城以外的部分镇区,也有人把丧事办得异常隆重的。有钱有势者为显颜面,送殡队伍长逾百丈,用来焚化的冥镪和纸扎器具数量之多,不逊富家嫁女时的嫁妆,这便是人们口中的"风光大葬"。

新中国成立后,带有封建迷信色彩的丧葬习俗被废除,人们响应国家号召,废除土葬,实行火化,仪式也简化为追思会、告别会。

第八节 风水奇谈

"堪舆学"俗称"风水",其中有若干符合科学的成分(例如选址的学问),但却包裹在过度夸张的神秘外壳中,由此衍生出许多带有迷信色彩的民间传说。

"乌鸦地传说"就是一例。乌鸦地坐落今莲塘马路,据说是风水大师赖布衣从江西龙脉直追到此寻到的宝地。他把此穴推荐给某大户,指定某日某时某刻"人骑马,马骑人,鲤鱼上树,头戴铁帽"时才可下葬。赖布衣是有名的风水大师,举办丧礼的又是当地豪门,所以观者人山人海。观者等得不耐烦时,突然下起雨来,赖布衣忙令"入土"。为什么呢?因为围观者中,有人恰好携带了一个纸扎的观音大士(拜神用品之一)。远远望去,大士骑着纸马,他又把大士顶在头上,这就是"人骑马,马骑人";另一位观者随手把鱼挂在树上,这就是"鲤鱼上树";还有一人把铁镬顶在头上挡雨,这就是"戴铁帽"。丧礼既毕,赖布衣见主家没有立刻把报酬付上,很不高兴,便出了个馊主意,让主家再筑一围墙保护坟墓。晚上,主家盛情款待赖布衣,送了他一斗银子、一斗珍珠。赖布衣惭愧极了,慌忙再为主家想补救办法。原来,乌鸦地是宝地,得葬此穴的主家后人,原该四世三公,但被围墙一压,乌鸦飞不起来了。虽经赖布衣设法补救，这家后人日子过得也很不错，但丞相是做不成了。据说，日后来葬时，竟然发现围墙所压的土壤是红色的，传说这就是被压折的乌鸦翅膀流出的血！

传说可读性甚高，可信不可信，就由读者自己判断了。

第九节 死人灯笼报大数

过去，有高寿者去世的人家，常会在门前挂一对报丧的黑字灯笼，上面用大字标明姓氏（×府），再用小字标明死者的享寿岁数。所写的岁数，通常比死者的实际年岁大三岁，理由是天、地、人各给死者赠一岁；讣告的正规写法则是"积闰享寿××岁"。

"积闰享寿"是什么意思？"天一岁，地一岁，人一岁"又是根据什么算出来的？

原来，它是根据中国的农历算出来的。中国过去使用的农历，其实应该称为"阴阳历"，那是以月亮的运行规律为主，再按照地球的运行规律加以调整而编订出来的。月亮每29天半环绕地球旋转一周，所以农历大月30天，小月29天。但是，中国自古以来就是以农立国，农事活动是要根据地球在环绕太阳旋转时在轨道上的位置造成的四季变化来安排的，那就叫二十四节令。于是矛盾产生：农历的一年为354天或355天，较地球绕太阳旋转的实际时间大约少10天到11天。几年下来，月份和寒暑变化就无法对上号了。古代历法家的解决办法是把阳历多出的天数，每三年合成一个月，那就是"闰月"，加在最末的一年里，有闰月的年份叫作"闰年"，十九年七闰。闰年有13个月，比平常年份多了一个月。

如果一位老人一生活足100岁，那么她就经历了36个闰年，亦即多活了36个月。古人认为，老天爷赏赐他三年光阴，那是他的福气，值得引以为荣，"积闰三年"的说法就是这么来的。

能长命百岁的人毕竟很少,所以通常把条件放宽,改为以60岁(称为"花甲")为下限,只要去世时满60岁或以上,就可以通过"积闰"把三年加在实际的岁数上。所以,"享寿"这个词属于60岁以上的死者专用;在60岁以下去世的,不仅不能加这三岁,而且在讣告中只能写作"享年";至于30岁以下去世的,那属于"寿夭",只能称为"存年"或"得年"。

第十节 给长者贺寿

中山人自31岁起,就有资格摆生日酒。其后,除51岁外,逢一皆称"大生日",61岁以上称大寿,部分地区91岁后不再祝寿,示意年事已高,要为子孙留点福荫。

在过去,人们把年长者称为"寿星"。因此,在他(她)生日那天,要在家里给老人摆设寿堂。寿堂上,男寿星挂寿星(即南极星君)像,女寿星挂王母娘娘像。客人前往贺寿,一般需准备寿面、米酒、红包等贺礼。

祝寿仪式十分隆重。老人夫妇穿上子女为他们订制的新衣,端坐正厅当中,接受子女、儿媳、亲属跪拜及敬送"寿仪"。为此,主家会提前准备一批染成淡红色的"寿包",包子做成桃子模样,面上印着"寿"字,称为"寿桃"。经济条件许可的,还会订制用金色铜片制作的"寿桃"赠给晚辈,并摆设寿宴答谢。寿宴开桌时,街坊乡邻常会前来凑热闹,索取小碗饭菜带回家中给小孩吃,分沾老寿星的福气。

祝寿活动通常只为年过60岁的长者举办。坊间有"女做齐头,男做出一"的说法,意即男人在60岁以后逢"1"的那一年做大寿,女人在60岁以后逢"10"的那一年做大寿。另外,坊间按年龄段不同,分别把寿称为耆、古稀、耄、耋、期颐等,活到期颐之年也称为"人瑞"。

第十一节 为婴儿摆满月酒

青年男女结婚后,生儿育女就成了人生大事。男孩出世称为"喜添麟儿",也叫"添丁"。家中有"丁",意味着后继有人,不愁没人拜祭,所以又把男孩称为"香炉墩"。过去,由于男尊女卑观念作祟,生男孩叫作"弄璋",生女孩叫作"弄瓦"。意思是,生男孩可让他玩弄较贵重的玉器,因为未来这家能否光大门楣,就看他了;若是女孩,那就只配玩弄陶制的纺锤,反正是要嫁给别人家做媳妇的,长大后懂得纺纱织布就够了。

既然婴孩的出生事关"开枝散叶"大计,所以从妇女怀孕之日起,就有诸多忌讳。即使在墙上钉个钉子也不允许,怕的是日后生的孩子兔唇(俗称崩哥);孕妇不准进戏院,怕的是日后生个"大花脸"。这种求全之策,其实源于"圣人"遗教。自古以来,人们对"孟母三迁"的教育方法赞不绝口,老辈人常说,孟母对孟子的教育从怀孕时就开始了。据说,孟母本人曾经说过:"吾怀妊是子,席不正不坐,割不正不食,胎教之也。"以上这些话,可是有典籍记录在册的。

婴儿出生后,仍有诸多忌讳。要给产妇增加营养,补养身体,大人要注意防风保暖,从孩子出生之日算起整整一个月不得出房门,俗称"坐月"。这期间,忌生人进房,尤其是新娘、孕妇、穿孝服的人,怕的是"相冲",对婴儿不利。

婴儿出生后,一般在第三天(俗称"三朝")拜祖宗,并送鸡、酒给外公外婆。

婴儿出生满一个月,称为"满月",又称"弥月"。届时,亲友会携带猪蹄、鸡、布料或衣服、褛被等婴儿用品上门祝贺。从这天起,产妇和婴儿可以解除"禁制",出厅接受亲友们的祝福了。说是祝福,其实也有忌讳,即不要说过头的赞扬话,只能含糊地说句"这孩子真有趣"之类的客套话。这与北方人喜欢给婴儿取名"狗子""石蛋"之类的道理是一样的,为的是让孩子粗生粗长,少灾少难,怕的是鸟出头挨打,秀木摧于风!

是日,父母会为婴儿摆满月酒(因为必有姜醋,所以又称姜宴),并给婴儿剃头,剃头前要在洗头水里放一只熟鸭蛋,寓意此后这孩子"有王(取'蛋黄'一词中'黄'的谐音)管",长大后听话听管教。做外公外婆的,还会为婴儿送来衣帽、祺带、褛被、手镯等。事前,主家

会向亲朋好友分送红鸡蛋、红包、酸姜片等报喜；条件许可的，可以同时送去请柬，邀请他们饮满月酒。届时，席上必有猪蹄煲姜、红鸡蛋、酸姜片等，据说吃了红鸡蛋，就意味着他日与婴儿有缘。

注 释

①哭奶吔：中山方言，实应写作"器奶爷"。

第七章　儿童游戏

半个多世纪前,中山流行这样一首童谣:

记得细时①好,跟娘去饮茶。河边摸蚬壳,巷口拨泥沙。踏脚骑狮子②,屈针钓鱼虾。如今成长大,心事乱如麻。

童谣是成年人为儿童编的,这首童谣绘声绘色地道出了那些年孩子们的生活状态。那时,没有电动玩具,没有无线电遥控装置,当然更没有手机和电脑,甚至上发条的铁皮小汽车,也不是普通家庭买得起的。但是,他们的儿童时代依然丰富多彩,论开心程度,可能比今天埋头玩手机的孩子大得多。

中国风俗图志·中山卷

扑鸡盲

什蚊仔，
一齐玩，
猜钱寻，
扑鸡盲。
猜输吤个合埋眼，
放声高喊数十声。
各人扮鸡急脚行：
扒楼阁，
钻瓜棚，
藏门后，
躲花坛。
数完十声张开眼，
赶紧扑找藏鸡囝。
肃静回避人四散，
谁先被捉就替班，
有惊有喜真係盏，
又喊又笑乐开颜。

扑鸡盲

第一节 昔日孩子玩什么

那些年,物质条件虽然匮乏,然而,孩子的好动天性和丰富想象力,完全可以弥补这些不足,甚至可以说,那时的儿童玩具和儿童游戏更饶野趣,更符合儿童的心理和生理需求。

一、群体活动

过去,家居条件远比不上现在。房子一般不超过两三层,一家子在10—20多平方米的房子里蜗居,大门开在马路边,三五步就能穿过厅堂进入卧室、厨房。狭窄的居室关不住孩子,况且那时人际关系也简单,家长很少担心孩子往外跑会不会被人拐跑了,所以,常常是"孩子头"在街头高叫一声,半条街的孩子都会从屋里奔出来,成群结队到外边玩。到什么地方?毁弃的古城墙遗址、长满荆棘杂草的空地、桑基鱼塘水沟,一句话,大人不常到的地方,就是孩子们的"花果山""水帘洞"!

所有的儿童游戏,几乎都能让孩子出一身大汗:

互相追逐 石岐称之为"算人追",广州称之为"捉衣因"[③]。一人追,众人跑,抓到谁就由谁当下一轮的追逐者。

捉迷藏 石岐称之为"扑鸡盲"。一人把脸埋在柱子上,众人各自找地方躲藏,在数满30(或指定的其他数目)之后,这人就转过身来,把躲藏的人一一找出,其间还得防止一不留神让未发现的人跑向柱子,若让那人手触柱子,就叫"救生"。找人者就被视为失败,一切得从头来过。

巡官打贼 四个人玩。先准备四块小纸片,上面分别写上"巡、官、打、贼"四个字。揉成纸团,散落桌面上,每人捡一个纸团。各自拆开后,捡到"巡"字的首先公开身份:"我是'巡警'。"再由他从其余三人中猜出"贼"来。猜对了,就由"官"下令"打",给"贼"一点小惩罚,例如打掌心三下。如果把"官"或"打"错认为"贼",就由"官"命令"打",给予"巡"类似的惩罚。

打水仗

第七章　儿童游戏

搓澄伖　即"石头剪刀布"。五代时，统治广东的南汉末代帝王刘鋹用"烧煮、剥剔、刀山、剑树"等酷刑镇压臣民。血债累累，他自然成了孤家寡人，觉得能信赖的只有太监。在他的纵容下，太监龚澄枢竟然官至骠骑大将军，掌管全国兵权。君臣二人胡作非为，终于在971年为宋太祖所攻灭。民间恨极了这两个人。刘鋹还在位时，民间已把"包、剪、叠"（北方称"石头、剪刀、布"）游戏，改称"猜程沉"。表面上，"程"是剪刀剪物的象声词，"沉"是石头砸物的象声词；实际上，"程"代表龚澄枢，"沉"代表刘鋹，"猜"其实是"搓"，在广州话中表示把人按在地上，用力挤、压、打。

此外，还有"骑竹马""打水仗""打波子""滚铁环""錍④三角""錍四方""跳飞机""跳八格""抢椅子""斗蟋蟀""麻鹰捉鸡仔"等。

年龄稍大，人数更多的群体，例如班级、小组，还可以"斗军棋"，即把人分成黑、红两队，各占一个山头，每人口袋里藏一枚"军棋"的棋子，然后互相捉逐，双方接触后，就由"公证人"查阅双方棋子，按"军棋"规则行事，军长"吃"师长，师长"吃"旅长，其余类推，直至把对方的"军旗"抢到手，那就赢了。这种游戏很有刺激性，比现在操纵电子游戏"打打杀杀"更有益身心。

再不然，到水沟戽鱼、在塘边钓虾、爬树掏雀蛋、在蔗基"削蔗标"，也都是有的吃、有的玩的好活动。那时，城区很小，几步路就到郊野，城里乡里孩子玩的，其实区别不大。

二、自己动手

那时的玩具相当原始，大都可以自己动手制造。商店里当然也有现成的出售，红红绿绿，相当诱人。但三、五、七分钱一件，令囊中羞涩的孩子花费不起，所以还是自己动手做为好。

可以玩的东西当然很多：放风筝（石岐人称之为"放纸鹞"）、滚铁环，还有带博彩性质的"拍公仔纸""辘钱牛""打榄核"，此外就是带攻击性的"噼啪筒"。要是自己动手把木头削成手枪，别在腰间，那简直是太神气了。手巧的，甚至懂得给木枪装上机关，机关用橡皮圈、铁片制成，枪机一扳，打在"噼啪纸"（一种商店出售的涂有小量火药的红色纸片）上，"啪"的一声，听起来几乎和真手枪发射的声音一样。

中国风俗图志·中山卷

打波珠

细佬相约打波珠，
挖个小洞藏玄机，
手执波珠捏在地，
看谁出手技高超。
魂地珠、定位珠，
弹吊珠来珠撞珠，
打珠入洞作为赢，
被打入洞算为输。

五颜六色玻璃珠，
哗哗啪啪满地飞，
你争我斗贪得意，
不论输赢笑嘻嘻。

打波（玻）珠

自己动手制作的玩具还可以有以下这些：

抓子　中山人习惯称"抓子"为"吃树子"。那时，每个女孩子的书包里都有一副"子"，通常是用布头布尾缝制的，每副5粒，缝得方方正正，里面填满黄豆或冲洗干净的砂粒。玩的时候把其中一粒往上抛，然后按一定的规定从桌面抓其他"子"，再接住从上落下的"子"，通常可以几个人轮流玩，首先完成整个流程者胜。

踢毽子　毽子可以自己动手制作，先取几根大公鸡的尾部羽毛，用细线缚紧，再拿废旧习字册用剪刀剪出大小一样的圆形，在中间开孔，再用皮料或较韧的纸作底部，把鸡毛插在整叠圆纸的孔里，用橡皮筋或细绳扎牢，就可以踢了。踢时可以有平踢、骑龙、屈折等多种踢法。踢毽子有一定的难度，所以年龄较小的，一般从踢纸球（俗称纸波）开始。纸球有两种，一种是自己动手制作的，取一大沓旧习字纸，撕成条状，扭成麻花，拦腰在中间用绳一扎，就可以踢；另一种是从纸料铺买的，用五色的纸条粘成类似于篮球的模样，中间留一个孔，用嘴吹，充满气后就可以踢了。

竹蜻蜓　竹蜻蜓是用竹削制成的。主体是一支圆杆，上端带三根翼片。把它放在两只手的手掌中搓动，使它具有一定的速度，突然松开手，它就能飞起来。其原理和飞机的螺旋桨转动从而带动飞机升空的原理一样。

刺绣　刺绣是女孩子的专利。直到20世纪50年代，还有女学生将小小的圆形绣花架塞在书包里带去学校，课余以绣花为乐。这些喜爱绣花的女孩，长大后，部分可能以绣花为职业。过去，小榄、石岐等地都有作坊式的家庭绣花厂，日本九州熊本县孙中山纪念馆保存的孙中山结婚时宋庆龄所穿的中式裙褂，据说就是由小榄人刺绣的。

那时候，学生的旧作业本，是最常用的自制玩具材料，除可制作纸球、毽子外，还可以折纸飞机，以及纸马、纸船等。有人还用它折纸蛙，两位小朋友各占书桌一方，用嘴吹动自己的纸蛙，若把对方的纸蛙撞翻，那就算赢了。

踢毽子 蹦橡筋

第二节　风筝竞技谈昔

值得多说几句的是风筝，放风筝不仅属于孩子们的至爱，还是成年人喜爱的野外活动，有时甚至会被列入体育竞技项目。

中山风筝大体上分为两类。一类是大型的观赏类风筝，例如"百足（蜈蚣）""蝴蝶""螳螂""蝙蝠""麻鹰""双翼飞机""百鸟归巢""八卦""孖公仔""水桶"等；另一类是小型的械斗类风筝，主要有"马拉鹞"和"菱角仔"两种。"械斗"类风筝的主人，常会设法使自己的风筝与别人的风筝搭上线，然后快速收放，把别人的风筝线磨断。为此，就得选用坚韧的风筝线，而且在线上粘上玻璃粉屑之类，使它变得锋利，如刀如锯。在放风筝风气极盛的20世纪40年代，南蓢的泮沙、张家边的窈窕、环城的沙涌以及石岐等地，都拥有一批制作风筝、放风筝的好手。

那时，在城区的烟墩山上，曾由县文化馆牵头举办多次全县风筝大赛。在观赏类中，泮沙许航宝放飞的蜈蚣风筝连获两届冠军；而在械斗类中，石岐朱明所向无敌。参加过这两届比赛的高手，有的今尚健在，但也已近百岁高龄了。据说，当年赴澳门参加民间艺术大巡游的"蜈蚣"，原来也是在石岐比赛中获奖的风筝。

20世纪40年代，泮沙可谓风筝之乡，不仅拥有一批好手，而且放风筝的风气甚为普及。每当秋高气爽，村口的大地坪及天后庙附近都会聚满放风筝的人群，还有人在月明之夜放风筝至通宵达旦，可见当地人的着迷程度。该村习俗起于何时已不可考，据老人回忆，至少晚清时期已经十分盛行了。

风筝设计和制作的技术都要求很高。以许航宝扎作的"蜈蚣"为例，扎作"蜈蚣"的爪要用五桂山的山蓢，扎脊骨用茶杆竹，扎能灵活摆动的多节肢体则要用在本村生长的坚韧的烂眼竹，制作发声弦要用百里挑一的洋藤。1948年，许航宝年近古稀，仍亲力亲为，虽家境贫困，仅存四五担谷，也忍痛卖了两担，用来购买扎作风筝用的材料，可见他对风筝艺术的追求与苦心。他扎作的"蜈蚣"共36节，74只钳爪，放飞到高空时，不但能够上下起伏、左扭右

吃甘蔗

摆，其钳爪还可以划动。据说，月夜放飞时，还可以看到"蜈蚣"眼睛眨动，闪闪发光。他还给"蜈蚣"装上了发声弦，随着风力强弱，"蜈蚣"可发出高低不一的"嗷嗷"声，在泮沙放飞时，其声北传南蓢、南传崖口；在烟墩山放飞时，整个石岐都可以听到它的声音。所以连获两届冠军，并被选送到广州参加全省比赛，以及应邀赴澳门表演，荣获金猪而归。

其他匠人扎的风筝，也各尽其妙。例如有一种造型为飞机的，不但放飞时可做出斜飞观察、机枪扫射和投弹等动作，还会嗡嗡直响；有种"蝴蝶"风筝，能在碰上障碍物时，"啪"的一声自动折叠，与此同时，可从空中散发闪闪发光的纸片，宛如天女散花；此外，"麻鹰捉小鸡"，以及"一线系两鹰"等高难度的放飞特技，都令欣赏者叹为观止。

注 释

①细时：中山方言，儿童时代。
②狮子：指祠堂及大户人家门前的石狮。
③捉衣因：按读音记录，实际上应写为"捉伊人"，"人"读阴平声。
④镙：中山方言，画线。

抱腿单脚跳
对顶出硬招
撞跌扑落地
叹气把头搔
若然不服气
起身再过招
相撞各辘地
个个笑弯腰

抱腿单脚跳

第八章 口头文学

口头文学的范围很广，包括民间传说、民歌、童谣、民谣等，谚语等也可包括在内。中山民歌在国内的名气很大，但已在其他章节中详尽介绍，这里就不再赘述了。

中山文化源头多元，因而民间传说特别丰富。本章只能酌选一些地域特色特别鲜明的予以辑录。在本书的其他章节中有所提及的不予重复。

总的说来，现有的中山传说，产生年代不会早于明代。如《铁城传说》，虽然说的是南宋时的事，但显然是后人编造的。铁城的黄土采自仁山，三乡的泥土是腐殖质极高的田土，两相比较，自然是含铁量较高的黄土较重。曾当京官、见多识广的陈天觉在"秤土"前应该心中有数，无须再耍弄泥土渗铁砂的花招。

另一方面，像《金斗湾传说》那样的故事，也只能产生于从鱼盐为主转为以农业为主的明初，而且从中可以明显感觉到元末农民大起义在民间留下的深刻影响，那就是对"君权神授"观念的蔑视：既然牧羊娃朱元璋可以做皇帝，金斗湾的看牛仔为什么不可以梦想当皇帝过过瘾？

阴阳二气是道家学说的要旨，元明以后，又受到理学家们的钟爱，并因他们的讲学而广泛传扬。这实际上也透露了温泉传说产生的时代背景。

其余的传说，或是歌颂坚贞的爱情，或是谴责贪婪和无耻，对后人都很有教育意义。《曾哥潭的传说》回顾客家人开发五桂山的经过，并让我们在民间传说中读到了机械的发明与制造，这在民间传说中是不多见的。

在涉及堪舆学的众多传说中，《猛虎下山的传说》是较独特的一篇。故事本身谈不上神奇，但它所描述的故事，已证明了风水之不足信，值得一读。

吃雪子

第一节 鱼游鹤立的传说

很久以前,南朗崖口村原是海上的孤岛,四周是白茫茫的浅滩,龙王和山神都很想占有这片靠水的浅滩。

龙王说:"鱼群常在那里出没,所以应该归我管!"

山神说:"鹤群站在那里觅食,所以应该归我管!"

龙王和山神谁也没法说服对方,官司一直打到灵霄殿。

玉皇大帝觉得双方的话都有道理,一时难以决断。只好说:"你俩不要争了,且看千年以后那里变成怎样。"

龙王很不服气,于是驱动大潮,想借潮水之力把淤泥冲走,叫鹤群无法在那里立足。

山神也没有闲着。每当退潮,总见成群的白鹤从山上飞向海滩,把衔在嘴里的树籽播种在刚露出水的淤泥上。

几千年过去了。白鹤播下的种子,长成不断延展的红树林,树根牢牢抓紧土壤,加上珠江不断送来的淤泥,终于把浅滩淤积成陆地,那就是今天的崖口。

有人说,崖口村的飘色,就是模仿当年辛劳播种的白鹤,为与外地飘色有别,因而取名"枭色",意即飞翔的大鸟——白鹤。

打榄核

第二节 金斗湾的传说

古时候,金斗湾(今坦洲)海边住着一个看牛仔。他从小父母双亡,只有一头老牛与他相依为命。那时,金斗湾还没有一条直通大海的河道,一遇大雨就被水淹没,农民的日子眼看就过不下去了。一天晚上,老神仙托梦给看牛仔,说:"你的老牛是神牛。明天大清早,你把牛挂上犁,然后朝大海的方向犁去。要注意,笔直往前走,不要回头,也不要歇息,这样牛犁出的犁道,就会变成大河。你若完成这项为民造福的大事,他日我保你为王!"

第二天清早,看牛仔兴致勃勃地赶牛朝大海的方向犁去,但他生性懒惰,没干多久就嫌累,为了尽快赶到海边,他没把犁深深地压进土中,而是拼命鞭牛,希望牛走得越快越好。老牛被打怕了,每逢鞭影晃动,躯体就往旁边一闪,结果犁道弯弯曲曲,忽深忽浅,沿途还拉下一堆堆牛粪。看牛仔越累越急躁,将近到达海边时,他突然发狂地鞭牛。牛实在受不了,负痛挣脱牛绳,一路狂奔,最后跳进大海,化为海中的岛屿。就这样,看牛仔没能完成神仙交给他的任务,九十九弯的河道并不能把积水有效排出,相反,一堆堆的牛粪转眼变成小土丘,反而把水道堵住了。从此,金斗湾年年水患,一直为害到20世纪大办农田水利时才得以彻底清除。看牛仔最终未能成"王",只在民间留下了一个诨名:"牛仔王"。

中国风俗图志·中山卷

打水枪

第三节　中山温泉的传说

中山三乡流传一句话："上有三妹山，下有冷热池。"三妹山指罗三妹山[①]，别称铜鼓岗。冷热池指雍陌村的热池与茅湾村的冷池，两泉相距仅3千米，涌出的泉水却有冷热之别。对这种奇异的自然现象，三乡民间有这样的神话传说：

相传，古时候，这里住了个看牛仔，本有当皇帝之份，只因急于求命，误了神仙要他驱赶神牛把恶水导出金斗湾的大事，因而遭受天谴，做不成皇帝，只留下个"牛仔王"的绰号。他犯下如此大错，好吃懒做的恶习依然不改，听说有神仙在铜鼓岗埋下宝藏，便在深夜上山用铁锤钢钎凿开山崖。也不知他哪里来的神力，山竟被他凿穿了，只听得一声巨响，红、白两道光芒冲天而起。据说，这红白两道光芒就是阴阳二气。当这两道光芒重新钻入地底时，所至之处，分别涌出了热泉和冷泉。

现今雍陌村泉眼共有6口热喷泉，中山温泉宾馆的热水即从此泉引来。茅湾峰下的冷池也有5口泉眼，井水甘甜，冬暖夏凉，近年已开发为生产矿泉水之用。

打陀螺

第四节 孝女罗三妹的传说

相传，雍陌村有位孝女名叫罗三妹，她父亲早逝，13岁那年母亲又患了重病，靠她替人看牛挣钱供养，日子过得很艰难。一天晚上，仙人在梦中告诉她，铜鼓岗"一线天"处埋藏了很多金银财宝，让她明天把石门敲开，取一些回去给母亲治病。三妹按神仙传授的方法，果然打开了石门，发现里面埋满了金银财宝。然而她想起母亲平时"不是用自己双手劳动挣来的钱绝对不能要"的教诲，最后还是决定一块金子不拿，心安理得地回家去了。她姑妈见她大清早出门，不牵牛，也不带割草刀，最后还两手空空回家，心里觉得十分奇怪，便截住她问个究竟，三妹不习惯说谎，如实告诉了姑妈。贪心的姑妈背着她偷偷前往，敲开石门后，就拼命把财宝往怀里揣，时间拖得太长，结果石门猛地关上了，从此被关在石洞里。后来，三妹母亲的病一天比一天重。母亲逝世后，三妹觉得独自活在世上太没意思，最后横下心，从铜鼓岗上往下一跳……牛不知道她已经死了，还在等她回家，等了一天又一天，最后化为石牛。

以下是一位过路书生所写的石牛诗：

怪石分明似石牛，不知经历几千秋。风吹遍体毛不动，雨打浑身有汗流。
禾草乱堆难入口，竹鞭挥打不回头。牧童举步难牵去，天地为栏夜不收。

丢手绢

第五节　曾哥潭的传说

很久以前，一对姓曾的客家夫妇，从老远处来到了五桂山。一天，为了追捕猎物，他们无意中进入了一个美如仙境的山谷。夫妻俩高兴地说："不如就在这里开荒定居吧，免得回去受地主老财的气。"他们凭着自己的努力，日子过得越来越好。一天，曾哥打猎回来，发现曾嫂还在脚踏米碓舂米，豆大的汗珠直往下淌。曾哥想，怎样才能让妻子不那么辛苦呢？他偶然见到一片树叶在溪水中漂流，到了有石头挡路的地方，叶子就不停地在旋涡中打转。曾哥望得出神，突然兴奋地大叫："有了！"他从树上拗下一根带树叶的细枝条，拗成了一个圆圈，横竖各钉上一根树枝加固，再在中心钻孔，装上一条轴，然后放进流动的溪水中。这个带叶片的轮子果然滴溜溜地转动起来。试验成功后，夫妻齐心协力，只用了几天工夫，就做了个大木轮，将轮轴的一头接到米碓上，山里头的第一个水碓就这样造出来了。后来他们又制成了水磨。有了机械的帮忙，他们的日子过得更美了。许多年过去，一天，天上雷鸣电闪，山洪决堤似的奔泻下来，冲向水碓、水磨和保护这些机械的曾哥。正在拼命呼唤曾哥的曾嫂，突然发现曾哥在水中挣扎，她也立刻扑进水中。可惜的是，尽管他俩手牵着手，最后还是一起被山洪冲走了。曾哥夫妇虽然不幸死了，但他们发明的水碓和水磨，大大减轻了山里人的劳动强度。为了纪念他们，山里人就把这风景如画的地方称作曾哥潭。今天，要是你来到曾哥潭，就会发现潭中的巨石，大都像石臼的模样。人们说，这就是当年曾哥亲手打凿的。

斗纸鹞

第六节 "秤土"的传说

南宋绍兴二十二年（1152年），朝廷批准香山设县后，第一件大事就是建县城。

县城的城址选在哪儿好？当然是经济比较发达，居民相对集中，具有一定规模，发展前景较佳的地点。

当时，在香山县的10个乡中，可以考虑的其实只有丰乐乡（今三乡）和仁厚乡（今石岐）。

由于朝廷迟迟没有委任县令，陈天觉就以香山寨寨官的身份暂时署理。为了选择合适的地点兴建新县城，他邀来乡亲父老一起商议。丰乐乡和仁厚乡的代表各执一词，都想争取县城在自己的家乡兴建，双方久久争持不下。陈天觉是仁厚乡人，也不便说得太多。他当过京官，心里明白，县城设在靠山面水、已经成为交通枢纽的仁厚乡，当然比设在缺乏水运之利的丰乐乡有利。为了终止无休无止的争论，他祭起古老但却有效的"法宝"，那就是堪舆之说。他对乡绅们说："古语有云'土重为贵'。我们可以取两地的泥土称一称，哪里的土重，就选哪里建城！"众人一致表示赞同。

相传，陈天觉事前耍了个小狡狯，他暗中派人把铁砂掺在仁厚乡的土样里，接下来的"秤土"当然是掺铁砂的泥土重，于是决定在仁厚乡的仁厚里建城。这事传开后，新建的县城便被人叫作"铁城"。

长线打结变成圈,
两手扮开十指牵,
交织线条编图案,
千变万化巧指尖。
妹织成图姐续编,
指尖勾织似拨琴弦,
你来我往传接线,
巧手编图万万千。

翻花绳

第七节 宫花王娘的传说

正德皇帝荒淫无道，每年都要选一次妃子，按开国皇帝朱元璋定下的规矩，皇妃必须在民间迎娶，这一回也不例外。于是，方士就编了一套鬼话说："今年的真命皇妃在南方，皇上只要派人到南海之滨，就一定会遇见一位穿黑衣、举黑旗、骑黑马、横过江的女子，她就是真命皇妃！"

方士鬼话连篇，大臣心里却在发愁，缺名少姓，这样的女子往哪里找？可是皇命难违，他们最终还是千里迢迢一路找到香山县来。一天，他们来到一条名叫"迳坑"的小村子，正巧碰上一场骤雨，把他们淋得十分狼狈，却意外发现一位长得十分俊俏的放牛姑娘。这时天已转晴，身穿黑衣的姑娘把围裙解下来，系在赶牛的竹竿上，想尽快把围裙晾干，眼见雨后溪流湍急，她便骑在牛背上涉水而去。

大臣脑瓜一转：有了，这不正是"穿黑衣、举黑旗、骑黑马、横过江"的女子吗？于是大臣细加访查，打听到这位姑娘姓王，还未婚配，不由得大喜过望。第二天，大臣亲自带了迎亲队伍，径入村中，不管三七二十一，强把姑娘塞进轿中，抬了就走。姑娘拼命反抗，但轿门被封得死死的，只好任由他们一路抬到北京。一经打扮，姑娘顿时就出落得像一枝刚出水的莲花。大殿上姑娘一露面，看得正德皇帝傻了眼。

姑娘早就立下宁死不屈的决心，倒也无惧。她一不下跪，二不施礼，当着众人直斥正德强抢民女的不是，还一再表明"宁嫁农夫，不嫁皇帝"。吓得大臣、太监们慌忙把她拖下大殿。正德怒火中烧，下令把她斩了。但事后想起她的美貌，又后悔得不得了，最终还是下诏以皇妃之礼，把她安葬了。从此人们都说香山出了一位皇妃，迳坑这个小村子也因此改名叫作"宫花"。

骑竹马 滚铁环

第八节 三月红荔枝的传说

南宋末年,10岁的宋端宗赵昰和他的弟弟赵昺在元兵的追杀下,逃到香山沙涌,暂住在乡绅马南宝家。

时值三月,荔枝还未成熟。赵昺问身边的马南宝:"这是什么果子?能不能吃?"马南宝回答说:"这是岭南名果荔枝,但要到五六月才能熟透,现在不能吃,太酸了。"赵氏兄弟十分失望,连说:"要是明天成熟就好了。"

次日一早,奇迹出现,沙涌两岸的荔枝竟然全部熟了。赵氏兄弟迫不及待,连忙爬到树上摘了几个,剥开看,晶莹通透,宛如白玉,放入嘴里,爽脆异常,只是未到季节,多少还有点酸。马南宝高兴地说:"托皇上洪福,荔枝竟提前在三月成熟了,就请皇上赐个名字吧。"宋端宗头也不抬顺口答道:"就叫'三月红'吧。"

据说,由于皇帝开了金口,自此以后,沙涌的荔枝年年三月红熟,天下独一无二。这就是香山名种"三月红"荔枝得名的来由。

"三月红"的故事其实还未说全。相传,宋端宗刚抵达沙涌时,又渴又饿,正在田间劳作的农妇们见状,立刻把本来为自己准备的茶水、饭菜奉上。此情此景,令年幼的宋端宗十分感动,当即封诰这些农妇为"安人"或"孺人"。按宋制,"安人"和"孺人"是给六品或七品官的妻子或母亲(即所谓朝廷命妇)赏赐的称号。君无戏言,一句口头承诺,"安人"和"孺人"竟成了数百年来香山妇女幼辈对长辈或平辈之间的常用称谓。

戽氹仔

第九节 荼薇仙子的传说

很久以前,飞驼岭下住着一位年轻的花农,名叫杜丽春。

这天,正是王母娘娘的生日,群仙都要前往天宫祝寿。玫瑰仙子对荼薇仙子说:"听说,南海边的飞驼岭下有个爱花如命的花农,他家花园四季如春,比天宫还美。"

荼薇仙子心中一动,说:"我们何不前去一看,然后再给王母娘娘祝寿?"

两位仙子到了杜家花园,一看,果然美不胜收。

玫瑰仙子忍不住扯扯荼薇仙子的衣衫,说:"难得世间竟有如此爱花惜花之人,不知谁家姑娘有福嫁给他?"

话音落地,荼薇仙子顿时红了脸。

突然,空中传来隐隐钟声,玫瑰仙子忙说:"妹妹,我们该走了!"

"不,姐姐,我还想多看一会儿。"

玫瑰仙子只好说:"那我先走一步了。"

直到钟声再响,荼薇仙子才依依不舍地离开。可是,已经迟了,天将拦住不让她进宫。

王母娘娘正奇怪哩:为什么少了荼薇仙子?

催花巫神禀告,荼薇仙子私到人间,现正在门外。

王母娘娘大怒,下旨将荼薇仙子逐出天庭,贬到凡间深山穷谷,此后永远不准盆栽。于是至今荼薇花依然无法盆栽,据说是因为王母娘娘下过圣旨的缘故。

巫神与荼薇仙子向来不和。起因是巫神借雷雨之威,强迫荼薇仙子在惊蛰开花,荼薇仙子看不惯他恃势欺人,偏不买账,直到春残才最后开放。古人所说的"开到荼薇花事了"就是这个意思。

这回巫神奉王母娘娘旨意,自是非常得意。荼薇仙子转念一想:与其留在天上受欺负,何不到人间寻找自己的幸福?于是,荼薇仙子到了杜家花园,摇身变成一株荼薇花。

杜丽春正在花园劳作,突觉异香扑鼻,顺香味寻找,发现花丛中多了一株从未见过的

中国风俗图志·中山卷

老鹰抓小鸡

花。啊！这不是祖辈传说中的荼薇花吗？听说过去只有天上才有！杜丽春高兴极了，连忙挑来泉水浇灌，嘴里喃喃说道："荼薇花呀，荼薇花，你要在我这里落地生根啦。"

这天，海上刮来一场特大的台风，人们都忙着加固房子，杜丽春却还在花园里加固花架。风越刮越大，眼见杜家茅屋要倒塌了，邻居催促他："你家房子快倒了，还不快拿麻绳加固屋顶！"

"房子倒了可以重新盖，花倒了可不行呀！"杜丽春答道。

杜丽春通宵与台风搏斗，饥寒交迫，终于昏倒了。

荼薇仙子忍不住从花蕊走下来，衣袖一拂，杜丽春顿时苏醒。只见身边多了位美丽的姑娘，他还未及致谢，姑娘已向花丛深处走去，转眼不见了。

这以后，姑娘天天到花园帮他栽花，可一转眼，却又不见了。这天，杜丽春怕她跑掉，伸手拉住她衣上的飘带。她用力一挣，飘带断了，人也消失得无影无踪。杜丽春低头一看，手里拿的哪是什么飘带，原来是一瓣荼薇花。他这才恍然大悟，原来姑娘就是荼薇仙子。

当荼薇仙子再次在眼前出现时，他终于鼓起勇气向她倾诉自己的爱慕之情。荼薇仙子其实也爱上了他，终于红着脸扑进他的怀里……

杜丽春和荼薇仙子结为夫妇后，日子过得非常美满。

这事传到巫神耳中，他怎么也料不到，被贬深山的荼薇仙子，竟在人间获得了美满的爱情，不禁又气恼又嫉妒。他立刻赶到飞驼岭，下令荼薇仙子即时离开，还挥舞风鞭向荼薇仙子、杜丽春二人打去，把杜丽春打昏。

荼薇仙子忍痛救醒杜丽春，却不知道接下来该怎么办，只好向天祷告，请玫瑰仙子前来帮忙。

玫瑰仙子脱下带刺的仙衣，吹口仙气，将仙衣一分为二，吩咐夫妻俩穿在身上。说来奇怪，仙衣穿上，伤痛立即消除。现在的荼薇花和丽春花身上都有刺，据说就是身着仙衣的缘故。

几个时辰后，催花巫神再次前来，见荼薇仙子还是不肯走，恶狠狠地跳下云头，伸手就拉，谁知刚碰到，刺马上从荼薇仙子和杜丽春的仙衣里伸出，如千万利箭同时插进他的心窝，痛得他满地打滚。

荼薇仙子气愤地说："你作恶多端，实在饶你不得！"

杜丽春气愤地从沟渠打来污水，泼在巫神身上。巫神立即变成面目狰狞的蟾蜍，从此没

辘钱牛

脸见人，只好躲在阴暗潮湿的角落里。

多年后，人们发现，杜家花园的荼薇花旁，新长出一株过去从未见过的花树，人们都把它称作"丽春树"。至今，小榄人栽种荼薇花，都会把花嫁接在丽春树桩上。据说，只有这样，荼薇花才能开得茂盛，就如当年小夫妻二人合体，相依相偎，永不分离。

第十节 酒米洞的传说

大环山上有一块大石，石上有一个拳头大的小洞，村民们都叫它"酒米洞"。

很久以前，从远方来了一老一少两个云游和尚，老和尚爱上大环这片山清水秀的好地方，决定在这里的一间破庙里安身。

自从在这里住下来后，老和尚常带小和尚到附近村子化缘。村民见老和尚待人谦恭有礼，都乐意拿出粮油周济他。

那年春天，老和尚染上风寒，一病就是一个多月，庙里无米下锅。于是，老和尚把小和尚叫到跟前，叫他自己下山化缘。

平日里，老和尚对小和尚管教极严，从未让他单独离开身边半步。可老和尚病倒在床这段日子，小和尚常背着师父，下山偷村民的番薯、蔬菜，好几次被村民发现，只是给他师父面子，才没有穷追到山上。

这回，小和尚听说要自己单独下山，心想："昨天我才偷过村民的东西，今天却要求他们施舍，那……"但师命难违，小和尚只好拿起瓦钵、布袋，勉强下山去了。

两天过去了，老和尚始终未见徒儿归来的影子。他焦急地爬起床，扶着墙壁来到庙外张

拍公仔

望。他身体本就虚弱,几天来粒米未进,终于支持不住,昏倒在大石旁。

不知从什么时候起,他感觉到天在下雨,流入口中的雨竟是甜的,还有酒的香味。他睁眼望天,只见群星闪耀,哪来的雨呢?他使劲抹抹脸上的水珠,才发现那不是水,分明是醇香的米酒。

怎会有酒滴到脸上,莫不是小和尚回来了?

"徒弟,徒弟!"老和尚叫了几声,却没人回答。

老和尚失望地低下头。就在这时,"滴答"水声又传进他的耳朵。哎呀!原来是身旁的大石在滴酒。

老和尚高兴万分,忙用瓦钵接酒。好一会儿,石洞才停止了滴酒。老和尚把手指伸入洞里一摸,奇怪!里面竟是干的。老和尚顾不了许多,端起酒来一口喝光,顿觉全身热乎乎的。他放下瓦钵,跪在石前叩头:"多谢仙石赐酒……"话刚说完,洞内又滚出一粒粒晶莹的东西来。这回流的,竟是白花花的大米。不一会,石洞停止了出米,老和尚用手掊掊瓦钵里的米,还好,足够他一人食用。

此后日复一日,石洞总在入夜时流出一小杯酒、二两米,虽然只够一人一餐之用,老和尚也心满意足了。

自发现酒米洞后,老和尚就不必下山化缘了。这天,他正打坐念经,庙外跑进一个衣衫褴褛的乞儿,跪在他面前说:"师父,我错了,请收回我吧……"他就是几个月前下山的小和尚。

原来,那天小和尚根本没有下山,他不敢到村中求施舍,两手空空又不敢回庙见师父,只好在附近村子偷鸡摸狗过日子,成了人人喊打的"过街老鼠",最后无路可走,只好硬着头皮逃回庙中。

老和尚十分生气,但好歹也是自己的徒儿,狠狠教训一顿后,还是收留了他。

酒米洞似乎通晓人意,像知道庙里多了一人似的。此后,每当入夜出酒米时,又多流出二两米和一小杯酒,足够勉强维持师徒俩的生活。

时间一长,小和尚心生疑问,为什么师父每天只限自己食一碗饭,喝一杯淡酒?他偷偷走进厨房,掀开米缸一看,里面空空的。再看看酒壶,一滴酒也没有。小和尚以为今天又要挨饿。不想等到晚上,师傅又端出一碗香喷喷的热饭和一杯醇香的米酒来。

第二天入夜,老和尚照例走出庙外,可他未料到,小和尚会尾随而至,酒米洞出酒出米的

中国风俗图志·中山卷

大石平台划棋盘
树枝石仔呈英豪
抢先一步连三粒
吃你一粒你着急

石子棋

秘密被小和尚发现了。

当晚,小和尚躺在床上翻来覆去睡不着。他等师父睡后,悄悄走到大石前。只见大石光溜溜的,只有一个指头大的小洞,心想,洞这么小,怪不得米只能一粒粒出,酒只能一滴一滴流。于是他回庙拿来铁锤,把石洞凿成了拳头大。

入夜,老和尚照例来到酒米洞,等到天明却不见酒米。趁着暮色一看,酒米洞已是拳头大小,满是新凿的痕迹,地上还有碎石。他心里明白,这定是贪心的小和尚所为。他怒气冲冲地跑回庙,小和尚却早已无影无踪了。有人说,贪心的小和尚最终饿死在了深山里。

大环半山,至今还可见到当年那块大石,酒米洞还在,可永远不会再出酒和米了,只给人们留下一个告诫儿孙不可贪婪的故事。

第十一节 "神主牌"的传说

从前,石岐南下村有个忤逆儿,父亲早逝,只剩下寡母一人和他相依为命,他待老母亲却十分不好,稍不如意就拿母亲出气,甚至对母亲拳打脚踢。

忤逆儿家贫,租不起地主的田,只好到很远的山沟垦荒耕种,又没牛又少劳力,田间操作自然辛苦,但每天中午,老母亲都会按时为他煮好饭菜,又带上一壶开水,一步一拐地送到田头,而他总是嫌这嫌那,给母亲脸色看。

一个春耕大忙的日子,忤逆儿在田间干活,累得四肢乏力,肚里咕咕叫,坐在一棵大树下,心里又在埋怨母亲还不把午饭送来,他哪里知道,老母亲的风湿病又发作了,好不容易才爬起床,给他煮好饭菜,此刻正挂着木棍,艰难地送饭上山哩!

中国风俗图志·中山卷

两人搭手成花轿，
新娘坐落好逍遥，
竹笛频吹迎亲调，
媒婆执扇两边摇。
敲锣打鼓呱呱叫，
新娘掩面笑弯腰，
大婶看见哈哈笑，
大爷咯笑把头摇。

抬花轿

他一肚子气无处发作，从地上捡了块石头狠狠地朝树上砸去，咚的一声，一只老麻雀惊慌地冲天而起，可绕了一圈又飞了回来，他这才留意到树上原来有一个雀巢。他好奇地爬到树上，发现老麻雀一遍又一遍地飞去飞回，原来是在给毛茸茸的雏鸟喂食。正在这时，他突然发现拄着木棍的母亲，正挽着饭篮和水壶艰难地朝山上走来，每走几步，母亲都得停下来捶捶腰腿。望着飞去飞回的老麻雀，望着颤巍巍地上山的老母亲，他不由得眼含热泪，老母亲一手把他抚养大，关怀体贴他的情景如在眼前，而对母亲的衰老艰难之状，自己却从未给予过任何关心和体贴，他一时良心发现，决心弥补自己以往的过错。

老母亲拄着木棍爬上山来，猛然发现儿子从树上跳下，急匆匆地向自己迎来。她想今天免不了又要挨一顿打骂，伤心透顶的老母亲觉得这样做人实在没意思，一咬牙，转身一头朝树干撞去。她哪里知道，决心痛改前非的儿子这回是奔过来搀扶她的！

儿子慌忙从地上把老母亲抱起，可是为时已晚，老人头破血流，早已气绝身亡。

悲痛欲绝的儿子在埋葬老母亲后，把那棵大树砍倒，削下一块木板供在家里，每天焚香礼拜，纪念他那勤劳慈爱的老母亲——这就是"神主牌"的来历。

第十二节 猛虎下山的传说

中山黄圃尖峰山北侧有处断崖，坐南向北，地势十分险要。那里有一个著名的墓穴，名为"猛虎下山"。得此名的原因，是因为半坡有三个圆形的泥洞，远看就像老虎的眼和鼻。据说是一位著名的风水大师顺龙脉从江西追寻到此发现的。风水大师扬言，谁家先人得葬于此，那家人必将官运亨通，富甲一方。为此，顺德豪强纷至沓来，都想把这块风水宝地抢到手。争

跳飞机

夺的结果是，该穴成了大良龙氏的祖坟。据说，此后龙家果然丁财两旺，世世为官，广东四大名园之一的顺德清晖园，就是他家后人兴建的。

按照风水大师吩咐，龙家每隔三年扫墓一次。风水大师说，扫墓时必须小心翼翼，先在河边至山坟这最后一段架起木桥，让扫墓者踏桥登山，免得惊动饿虎。他还叮嘱说，葬此穴虽有"百利"，却有"一弊"，就是每次扫墓完毕，最后一个离开的人当年必行霉运。大师此言并非危言耸听，此后每次下山，确实有人非死即伤。

龙家后人对风水大师的话深信不疑，于是每次下山折返时，总是争先恐后，践踏事件不发生才怪哩！

第十三节 民谣

"歌"与"谣"合称"歌谣"。二者的区别在于"歌"（民歌）是按一定格式写的，可以依照基本旋律唱；"谣"却是想怎么写就怎么写，只要顺口就行。为了有别于可唱的民歌，人们通常把这类以念白为主的民歌称作"民谣"。

《鸡公仔》就是一首曾在沙田地区广泛流传的民谣：

鸡公仔，尾弯弯，做人心抱②甚艰难，早早起身都话晏，勒条围裙入下间（厨房）。后门摘个冬瓜仔，问之安人③蒸或煮？安人话蒸，老爷又话煮，蒸蒸煮煮唔中意，拍台拍凳骂竹升④。三朝打折三条格木棍，四朝跪烂四条石榴裙，投告爹爹嫲嫲都唔信，解开裙带血淋淋。

历经岁月流转，那些还能通过老一辈之口流传至今的民谣，主题多是以女子口吻倾诉自

中国风俗图志·中山卷

裁张硬纸捲园筒,三块玻璃筒内封,剪咗五彩碎纸片,夹在筒头玻璃中。筒尾玻璃园纸封,园纸中间开个窿。举起园筒朝天望,单眼对准园孔观。

手抓园筒慢慢转,眼前出现美花容,转动园筒百花放,美景尽收万花筒。

万花筒

己的悲惨遭遇与心中的不平。上面这首歌谣，控诉的就是在封建社会为人子媳的艰难生活。其实，在那个年代，封建陋习早已深入到生活的每一个角落。不仅媳妇难挨，未出嫁的闺女也不见得好到哪里去，以下的《麻雀仔》就尖锐地指出了这一点：

> 麻雀仔，飞入祠堂化⑤老糠。阿公捉到阿婆劏⑥。阿公得个脾⑦，阿婆得碗汤。姐姐妹妹唔关事，阿哥返来有得尝。

抓来一只麻雀做菜，阿公、阿婆，还有哥哥都分得一份，只把女儿排除在外，可见男尊女卑观念影响之深。

可悲的是，年轻时受尽欺凌的妇女，好不容易从媳妇熬成婆，往往却又忘了年轻时的切肤之痛，转而欺负起媳妇来。封建意识导致的人格扭曲，让人扼腕叹息。

尽管"人离乡贱"，但姑娘长大总得出嫁，于是，新嫁娘出门前不免"哭嫁"。

> 石榴树，挂金瓯，爹妈田地我唔争。爹妈田地留返哥共嫂，爹娘打发赶我行。行到哥前哥眨眼，行到嫂前嫂皱眉。唔曾吃过哥田地，唔曾着过嫂罗衣，头上金钗爹妈打，脚下花鞋自己绣，早知爹妈爱男唔爱女，手扳花轿行快些。

当然，新婚生活还是有着温馨的一面的：

> 鸡公仔，尾初长，婆婆寿辰捉来劏。娇妻便对才郎话："个只鸡儿不可劏。个只鸡儿我中意，朝朝啼醒我梳妆。""个只鸡儿真可恶，朝朝啼醒我妻房。""前世唔修做到鸡，一到五更就要啼，点知你二人床上睡，无端白白把我难为。"

妻要早起，丈夫贪睡，于是，负有司晨之责的公鸡发话了："你这不是叫我为难吗？"小夫妻戏谑之情，溢于言表。

并非老一辈总是冥顽不化，年轻人总是对的，相反的例子也有不少。例如这首流传于张溪乡一带的民谣《懒婆娘》：

> 婆：家嫂哇，起来摘桑呀！
> 媳：朝头早哇，雾水大呀；晏昼⑧哇，热头⑨晒呀；晚黑哇，蟾蜍蛤拐吓坏呀！

虽只一问一答，寥寥数语，却已把懒婆娘推三托四的懒惰嘴脸刻画得入木三分、活灵活现！活在那个年代的人，日子大都不好过，幸而那时的人乐天安命，唱支歌发发牢骚，咬咬

执个烟盒摺三角,
纸质坚实够硬壳,
一班细佬来相约,
选块平地打三角。
先将三角来摆落,
对手瞄准用力啓、
打中三角胜者获,
打偏反被对手啓。
侧面啓,正面啓,
打翻三角为最恶,
轮翻上阵大家驳,
无论输赢都快乐。

烟盒打三角

牙也就挺过来了:"真好笑,住茅寮,风吹雨打当吹箫。日间有个太阳照。夜间有个明月来朝。"(沙田民谣《真好笑》)

听来洒脱,其间况味,如人饮水,甘苦自知。

第十四节　童谣

顾名思义,童谣是编写给儿童唱的(不排除也有儿童自编或改编的可能),所以从形式到内容都有别于成人歌谣。一般有以下特点:浅显、流畅、易于上口。为了让儿童易记,常有意识地让下句的句头重复上句的句末,恰似一条银链,一环紧扣一环。在内容上,也不涉及太深奥的道理,读起来似在可解与不可解之间,实际上只是通过歌谣形式,把一些事物串联起来,让儿童自然而然地把它记熟。两千多年前,孔老夫子编《诗经》时,"诗教"的目的之一,不也正是"多识草木虫鱼之名"吗?

中山流行的传统童谣不少,有的也很精彩,例如下面的这首《人客到》:

> 人客到,捉鸡劏。鸡勒杂⑩,不如劏只鸭;鸭毛多,不如劏只鹅;鹅会帮人看门口,不如劏只牛;牛会耕田养家口,不如劏只狗;东边有贼我又知,西边有贼我又疑,不如劏只大猫儿;老鼠偷谷我又捉,麻雀扒糠我又"装"⑪,不如劏只大猪郎;劏就劏,我吃了主人三斗糠,边个吃我肥猪肉,一夜屙到大天光!

这是一则十分风趣的动物寓言。客人来了,主人为了宴客,满屋子里外瞧遍,杀哪一样做菜好呢?鸡鸭鹅牛狗猫各自找理由,企图说服主人不要杀自己。最后,饱食终日、一无所长的猪只好无可奈何地答允:"杀就杀吧,无功不受禄,我反正已经白吃了你的三斗米糠了。"不

摘果子

过,猪仍有所不忿,它诅咒说:"你们听着,哪个吃了我的肉,活该他一夜腹泻到天亮!"

当儿童背诵这首歌谣的时候,除了可以熟悉家禽家畜的名称外,还知道了不要好吃懒做,从小要学真本领,做一个有用的人。

又如这首《叹生果》:

> 沙园菱角两头尖,莲子大堂摆八仙,柑橙子弟前来看,茨菇今晚坐歌堂,石榴爆口珍珠粒,槟榔树上挂珠帘,寻晚[12]三更出告示,龙眼过园偷荔枝,黄皮又赖朱砂桔,捶胸顿足赖沙梨,青橙落地来相劝,碌柚拧头诈不知,牙蕉驼背行唔起,香橼伸手去拖之,李把大红衫着起,油甘带佢[13]出花基,黄色菠萝皮生刺,果王木瓜天下知,金橘细小人中意,愚钝西瓜着绿衣,杨桃酸甜人赞美,中秋赏月正当时。

诵读这首童谣,恰如看了一部由水果做主角的卡通片,通过那些生动的描述,儿童对各种水果的特点和生长环境,可以有个粗浅的了解,边玩边唱,一唱再唱,自然把水果的名字牢牢记住了。

再看这首隆都地区的童谣:

> 阿二二,偷钱买榄豉[14]。阿爸要割耳,阿妈话唔是[15]。

孩子犯了错误,父母双方一个要严惩,一个在护短,怎能教育好呢?像这样的童谣,除了给孩子听,当家长的成年人,也不妨听听。

为人父母者,有时也会把对孩子的期望写进童谣里,下面的这首《白鹤仔》就塑造了一个读书听话的孩子的形象:

> 白鹤仔,企[16]银台,爹爹送我读书来。读过三年会写字,再读三年做秀才。

即使在和平年代,人们对昔日日本侵略者在中国的暴行仍然没齿难忘。哄孩子睡觉时,仍不忘叮嘱其长大后记住与"日本仔"的仇恨。请看以下这首隆都方言童谣《睏觉觉》[17]:

> 睏觉觉,肚皮巢[18],饮杯烧酒挟杯肴[19],肴有骨,垫灶忽[20],灶忽有火,煨芒果;芒果有皮,吃沙梨;沙梨猛挣[21],吃花生;花生有壳,吃菱角;菱角有尖,吃花稔[22];花稔有囊,吃黄糖;黄糖有沙,吃西瓜;西瓜有核,吃菩挞[23];菩挞苦,吃猪肚;猪肚韧,咬到阿婆大牙筋。牙筋长,架屋梁;屋梁有张刀,杀到日本仔冇定走[24]。

也有借孩子之口，申诉自己的不平的，如以下的这首《麻雀仔》：

> 麻雀仔，偷油搽，搽光髻，返外家。冇地坐，坐树桠，冇茶饮，饮茶渣。冇饭吃，吃泥沙，冇定眯。眯地下，冇被冚㉕，冚棉花。

这哪是唱给孩子听的，分明是在痛诉哥嫂对出嫁妹子的苛待！

第十五节　谚语

谚语虽只一句，却是民间智慧的结晶，种类多，数量更是巨大，限于篇幅，这里只能各举数例，聊备一格。

生活类：

> 龙床唔以狗窦（窝）。
> 驶牛才知牛辛苦，养仔方知父母恩。
> 终须有日龙穿凤，唔通成世裤穿窿。㉖
> 一山还有一山高，高山还有树遮头。
> 无咁大个头，唔好戴咁大顶帽。㉗
> 唔望今年竹，但望明年笋。
> 斗木佬开门，过得人家过得自己。㉘
> 宁食开眉粥，不食愁眉饭。
> 一人计短，二人计长，三人担梯过墙。
> 猪撑大，狗撑坏，人仔撑成猪八戒。

农事类：

寒露过三朝，(禾穗)迟早一齐标㉙。

过了立夏，插唔插都罢。

禾怕霜降风，人怕老来穷。

十月蔗，由头甜到尾。

秋淋夜雨，禾生草死。

早造望"头驳"㉚，晚造望尾陈㉛。

小暑"小割"（割禾），大暑大割。

犁田过冬，好过用粪壅。

小猪要"放"，大猪要"槽"㉜。

深水养鳙，浅水养鲢。

养鸡要勤，养鸭要腥，养鹅要青。

若要耕牛养得好，栏干食饱够水草。

鱼无夜草不长，马无夜草不肥。

鱼唔过塘唔肥。

气象类：

蓝带贯西东，隔日有台风。

先雷后雨不湿街。

虾办风，鱼办雨。㉝

北风情愿抵，南风冷死仔㉞。

蜻蜓满天飞，台风就要来。

春雾晴，秋雾雨。

东闪雨重重，西闪热头红，南闪长流水，北闪大南风㉟。

朝头阴阴天，晚头晒甩辫㊱。

东边一块壁，唔披蓑衣都披席。

小暑一声雷，潮湿发黄霉。

朝翻三，晚翻七，半夜翻风冷折骨。㊲

时令类：

> 雷打惊蛰前,七七四十九日不开天。
> 雷打惊蛰节,三月田早裂。
> 寒露三朝,过水寻桥㊲。
> 春天家婆面,一日变几变。
> 初八、廿三,水大牛归栏。㊴
> 端阳有雨是丰年,夏至闻雷米似泥,但得立春晴一天,农夫不用力耕田。
> 立夏翻风,冷到芒种。

歇后语在日常生活中十分常见,例如"幡竿灯笼——照远唔照近""白蚁蛀观音——自身难保""单料铜煲——一煮就滚㊵""床板跳上席——唔高得几多㊶"等,都以丰满的形象,对社会不良现象进行了批评。部分歇后语源自地方掌故,一条歇后语,其实就是一个现实生活中曾经发生的故事,幽默而风趣。不过,过强的地域性,也限制了它的使用。不是当地人,对这些歇后语是无法听懂的。以下就是一个例子:

> 西坑公执只袜,走入祠堂噌㊷七日。

故事发生在黄圃的西坑村。过去,西坑村贫穷落后,那里的人从没穿过袜子。某日,有人在路上捡到一只袜子,不知为何物,于是邀集村民到祠堂里研究,争论了几天,依然无法做出结论。此事传开,顿成笑柄,被人们用来嘲笑知识浅薄者的少见多怪。

注 释

①罗三妹山:位于三乡镇雍陌村,1984年1月邓小平登此山时,曾说出"不走回头路"的惊世名言。
②心抱:中山方言,即儿媳妇。
③安人:中山方言,即家婆。
④竹升:中山方言,米升,全句可解为指桑骂槐。
⑤化:中山方言,翻动。
⑥劏:中山方言,读tāng,宰杀。
⑦髀:中山方言,腿。
⑧晏昼:中山方言,中午。
⑨热头:中山方言,太阳。

⑩勒杂：中山方言，指鸡内脏一大堆，杂乱无章，不易处理。

⑪装：中山方言，偷窥。

⑫寻晚：中山方言，昨晚。

⑬佢：中山方言，他。

⑭榄豉，又名榄角，由乌榄成，是昔日的家常小菜。儿童常用作零食。

⑮唔是：隆都方言，不是，不要。

⑯企：中山方言，站。

⑰眯觉：隆都方言，睡觉。

⑱巢：隆都方言，皱。

⑲肴：隆都方言，肉。

⑳灶忽：隆都方言，灶窟。

㉑猛狰：隆都方言，凹凸不平。

㉒花稔：隆都方言，番石榴。

㉓菩挞：隆都方言，苦瓜。

㉔冇定走：隆都方言，无处可逃。

㉕冚：中山方言，盖。

㉖终须有日龙穿风，唔通成世裤穿窿：中山方言，全句意即“终有一天穿金戴银给你看，不信一辈子都得穿破裤子”。

㉗无咁大个头，唔好戴咁大顶帽：中山方言，全句意即“没有那么大的头，就不要戴那么大的帽子”。咁，中山方言，那么。

㉘斗木佬开门，过得人家过得自己：中山方言，全句意即“木匠安门，要让自己和别人都能够过去”。

㉙一齐标：一起生长。

㉚早造望“头驳”：早造寄望第一批秧苗。

㉛晚造望尾陈：晚造寄望最后一批秧苗。

㉜小猪要“放”，大猪要“槽”：小猪要放养，大猪要圈养。

㉝虾办风，鱼办雨：虾跳的时候就起风，鱼跳的时候就下雨。

㉞南风冷死仔：一不小心就可能把小儿冷坏了。

㉟北闪大南风：北面闪电就会吹南风。

㊱晚头晒甩辫：表示夏秋间的太阳很猛烈。

㊲朝翻三，晚翻七，半夜翻风冷折骨：早上起北风要冷三天，晚上起北风要冷七天，半夜起北风冷刺骨。

㊳过水寻桥：过河要寻找桥梁。

㊴初八、廿三，水大牛归栏：初八、二十三涨大潮，要注意关牛进栏，别让潮水泡坏了。

㊵单料铜煲，一煮就滚：用薄铜打的铜煲，一煮水就开了。

㊶床板跳上席，唔高得几多：从草席跳到床板上，比原来高不了多少。

㊷噌：黄圃口语，阳平声。形容人就像苍蝇那样嗡嗡不已。

中国风俗图志·中山卷

大庙下晚市梦华全景图（局部）

第九章 宗教信仰

过去的人有见庙就拜的习惯,认为凡在庙里享受香火的都是"菩萨"。没有多少人知道,所谓"菩萨",其实是"菩提萨埵"的简称。"菩提"意即智慧和觉悟,"萨埵"意即众生与有情。按佛经本义,"菩萨"是比普通人更具智慧、更有爱心的修行者,与国人的"神""鬼"概念有着明显的区别。

正因为懒得分辨,或者根本不懂得分辨,所以在这些善信的人心中,拜神拜佛或拜别的什么,其实都不重要,能得到扶持,保佑自己和自己一家身体健康、儿女升学、升官发财……就已经足够了。为此,人们常在神前信誓旦旦:事成后如何酬神,从三牲祭祀直至重塑金身、重修寺庙。"拜得神多自有神庇佑",才不在乎观音和吕祖(吕洞宾)比邻而居,诸葛亮和司马懿隔河相望……善于利用人们迷信心理的人看准这点,把民间崇拜的历史人物重新包装,以广招徕。于是,《三国演义》的关羽,就成了道教的"帝君"、佛教的"伽蓝"、商界和江湖中人口中的"关二哥"!

为了博取好感,自然千方百计取悦神灵。神诞日抬神像巡游是为了娱神,在庙前搭棚演"神功戏"也是为了娱神,甚至在庙宇、祠堂瓦脊上摆上成行成列的陶塑,也是为了让"他们"演戏给神灵和祖先看。

有人还多了一份心眼,那就是请神巫帮忙,与"神"建立更密切的关系。

过去进庙宇,常可见到墙上贴了写着"花仔××""花女××"字样的红色纸条。贴纸条的人,多半因为小儿多病,或是遇上什么麻烦,因而父母代他(她)做主,认殿上神灵为"契爷"(契娘)。为人父母者是这样想的:做了神灵"契仔"(契女),总能得到"契爷"(契娘)的特别关照吧?

第一节 多元的宗教信仰

文献显示,直到20世纪30年代至40年代,仅石岐一地,寺庙合共就有上百间。后来抗日战争期间被日本军机炸毁一批,50年代以后因城建需要又拆了一批,目前剩下的已经不多了。

在古代香山寺庙中,既有西山禅寺、白衣古寺那样的佛寺,也有北帝庙、东岳庙那样的道观,但最多的,还是供奉非释非道的民间神灵的庙。有趣的是,即使没法弄清大殿上的神有什么来头,香火依然鼎盛。

其实,供在庙里的,既有人所共知的历史名人,例如神医华佗、字圣仓颉、三国时期的名将关羽;也有的原是小人物,却因生前做过奉献,死后人们尊他(她)为神,修庙祭祀的。

天后妈祖就是典型的例子。妈祖姓林名默娘,是开都巡检林愿的第六女,生于宋太祖建隆元年(960年),28岁那年的重阳节,在福建湄洲岛上羽化登仙。这是《莆田县志》的说法。

然而,民间却另有传说,说她原是普通的渔女。

渔女也好,地方官吏的女儿也好,默默无闻的普通姑娘,怎么竟成了"天后"?

资料表明,自宋代开始,林默娘的传说,已随渔民和以他们为主体的移民,在闽粤和海外广泛流传。到元代,妈祖已被封为"护国明著天妃",清康熙二十三年(1684年)加封她为"护国兹民照灵显应仁慈天后",乾隆二十二年(1757年)再加封"诚感孚神",并遣官致祭,敕文纪功。

然而,即便是康熙、乾隆,也不过是人间帝皇罢了,天庭的事岂轮到他们做主?再者,林默娘是"天后","天帝"又是谁?按理,当然是玉皇大帝了。在一张20世纪澳门渔民出海祭祀妈祖的照片中,确实可见插在船上的绣着"玉皇大帝"字样的彩旗。令人不禁要问:康熙、乾隆凭什么"乱点鸳鸯谱",把本无关系的两个人凑合成一对?

在古代香山,人们是把林默娘称作"娘嫲"的,这样的称呼就平民化多了。

金花娘娘的成"仙"得"道"说来很冤枉。她本是广州城里的普通姑娘，姓金名花。巡按大人老婆难产，神巫掐指一算，说金花姑娘一到，婴儿自然呱呱坠地。巡按忙命人把她找来，据说，她一进门，婴儿就顺利出生了。然而，姑娘的厄运却从此开始，人们把她视同妖物，没人敢娶，金花羞愤交迫，投湖自尽。死后，人们却争着为她盖庙，尊她为"金花娘娘"，请她在天之灵保佑小儿平安。

石岐莲塘街的乌利将军庙的来历更有些荒唐。乌利本是南宋末年带兵攻打香山的蒙古将领，生性凶残，奸淫抢掠无所不为，直到某次醉后调戏妇女，被连人带刀推落粪池淹死了。人们为他建庙，民间也从此增添一个"掌故"："乌利单刀——闻（文）不得舞（武）不得。"

在多数情况下，既然神灵受民间崇拜，总有值得崇拜的理由。石岐九曲河畔，有间小小的禾谷庙。相传，香山某年大旱，禾苗眼看干枯而死，禾谷夫人不忍百姓遭难，挤乳汁为甘雨，把禾苗救活了，香山百姓感恩戴德，为她立庙，岁岁礼拜。禾谷夫人到底是哪路神仙？其实，她就是古人指天戟日立誓时所说的"皇天后土"中的"后土"。"皇天"是玉皇大帝，"后土"就是大地的母亲——"地母"。石岐南下三山古庙的偏殿就供着这位大地母亲，尊她为"地母娘娘"。谁也没想到，经辗转相传，她在九曲河一带得了个更接地气的称呼："禾谷夫人"。

禾谷夫人的传说源自神话，黄圃康公庙里的康公，却是个土生土长的黄圃人。

全国各地都有康公庙。相传，康公真君原是名为李烈的汉代元帅，因为保国有功，受封为康公，死后人们为他建庙，尊他为"康公"。

黄圃的康公庙独具一格，该庙供奉的康公另有来历。据说，明末清初时，黄圃北头村一带的贫苦人家难以度日，幸而坊间出现了一位名叫"康褒裔"的盗侠，绰号"主帅"。虽然落草为寇，干的却是劫富济贫的勾当，因此深受村民爱戴。某次，他行踪暴露，被地主家的护院、家丁穷追不舍。眼看要被追上时，一群鸭子突然出现，"叭叭叭叭"，把他的脚印踏乱了，地主家的护院、家丁无法继续追踪，他这才逃过一劫。

村民敬佩他的侠义心肠，在他死后，在村中为他修建了一座主帅庙，并且立下规矩，他生日那天绝不能宰杀鸭子，"北头村摆酒不用鸭"的惯例由此而起。

据说，某村民为主帅诞制作供品时，一时忘了忌讳，多煮了一锅鸭粥。不料粥煮到半熟，锅竟自动炸开了。在村民看来，这就是"神迹"——主帅不悦，砸锅警示了！

第二节 民俗的盛会——打醮

在庙宇举办的宗教活动中，就数"打醮"最隆重。一般几年才举办一次，满60年举办一次的，叫"罗天大醮"。

"打醮"多为祈福，兼祭祀亡魂，因而有些地方多将时间选在中元节（农历七月十五日）举行，例如小榄；但也有在神诞日举行的，例如黄圃。

《香山县志》的相关记载如下：

> 遇神诞日，张灯歌唱，曰打醮。盛饰仪从，舁神过市，曰出游，为鱼、龙、狮、象。鸣钲叠鼓。

打醮颇似北方的庙会，多以宗教活动为中心，最终变成综合性的民俗盛会。

以黄圃地区的醮会为例：

在黄圃，醮会一般作为重大乡事活动举办，每三年一次，每次延续三日四夜。

醮会筹办阶段，多由乡长召集。经过求神问卜，决定本届谁当组织者，由他挑选乡中德高望重、具经济实力的长辈，主持醮会事宜。

醮会经费来自富绅捐助及向每家每户募集，届时会在庙前空地，临时搭一座可以容纳百人以上的竹棚。棚内设神坛（称为座宫），内置"菩萨"，两旁各站一尊身披盔甲的神将。醮棚四周均以竹笪围成，其上挂满"凤香会"（少女组成）、"会社"（少男组成）及其他信众赠送的纸制衣物和旗幡，门口还要竖立一座高约3米的纸扎"大士"，俗称"大鬼王"。

醮会开坛时，大人们纷纷携小孩从"大鬼王"胯下穿过，为的是祈求消灾避魔、祛除疾病。醮会期间，主持醮会的乡绅父老，以及特别虔诚的家庭都要食斋，并在家门口挂一对大灯笼，一般家庭则用糯米粉做"红团"奉神。

醮会多在傍晚开坛，是时，多名道士齐集神坛前诵经念咒，敲锣打鼓，唢呐齐鸣，直至凌晨方止。

醮会的重头戏是巡游。祭奠仪式完毕后，巡游队伍从庙宇出发，走在最前头的是两位

"好命"村民,一头一尾,各抓一条五六米长的红布边走边舞,称为"揽榜头,揽榜尾"。道士紧随其后,簇拥着信众扛抬的神龛,以及随后的八音锣鼓柜,边诵经边缓缓行进,直至巡遍乡间主要街道。巡游队伍所到之处,人头涌动,水泄不通,不少人还会即兴随队巡游。

参与人数最多的,要数翌日的"撒花"活动。是日,四名父老身穿长袍,手捧盛满纸花、银圆(或铜钱)的簸箕,分别从醮棚东南西北四角向人群撒去。据说拾得白花者家中添丁,拾得红花者得"千金",拾得银圆(或铜钱)者大富大贵,因而争抢者甚众。

稍后,醮会还要举办"渡仙桥"仪式。鼓乐声中,"仙桥"缓缓抬出。"仙桥"用竹木搭成,外糊色纸。仪式开始时,乡民争相把红布和祺带①铺到桥上,直到"渡仙桥"仪式结束后才取回。据说,用这些被人践踏过的红布缝衣服、祺带背小孩,都可保佑小孩健康成长。

仪式正式开始时,身穿红袍的道士在前开边路,随后是乡绅父老,带领信众从仙桥的一端走向另一端。据说经此一走,他年仙逝时,就可踏仙桥走进极乐世界,免受地狱之苦。

"渡仙桥"仪式刚结束,"放水灯"旋即开始。所谓"放水灯",就是把纸船上的油灯全部点燃后将船放到河里,任其顺水漂流,意在把邪神野鬼驱逐出境。其间,埗头摆放有一名纸扎"鬼卒"站着监视,不许邪鬼野鬼折回。

醮会的最后环节是"破地狱",通常在深夜进行。届时,会在地上竖立几个瓦筒,上盖瓦片,据说,这就是"地狱"。在道士轮番诵经后,领头的道士手执长剑劈碎瓦片瓦筒,示意地狱之门破开,无主孤魂已被救出。随后将坛内"包山"上的小馒头撒向空地,并把挂在坛内的纸衣除下,连同冥币等焚烧,施舍给饿鬼,最后把纸扎的"大鬼王"和"鬼卒"也焚化,意在恭奉他们离开,并请他们把村中的游魂野鬼一并带走,火光熄灭后,醮会旋即降下帷幕。

醮会期间,民间艺术队伍倾巢而出,游飘色、扒龙船、做大戏、烧花炮……令人目不暇接。外地卖艺者趁机也来大显身手,以求赚个盆满钵满。上刀山、碎大石、变魔术、卖药丸……比过春节还要热闹。

第三节 谲秘的民间娱乐

昔日中山民间流传多种极具神秘色彩的游戏,现代人很难理解和接受。

这里指的是人们在"三月三""七月七"等特定日子的夜晚进行的群体游戏,例如"三姑妹""卖鱼姑""合罗仙""跳蛤仔""屎塔神"等,一般由男青年或女青年各自组成小团体(彼此称"会友"),在无人之处秘密进行。

这里各举一例:

"卖鱼姑"是女青年爱玩的游戏。玩这种游戏,先要找到自愿充当"鱼姑"的女孩,让她坐在倒放的长板凳上——即"渔船"。届时,"渔船"两头各坐一位女孩,均是扶着凳脚伏睡。主持人让旁观者每人点燃一支香,在"鱼姑"面前不断地晃动,口中念念有词:"卖鱼姑,卖鱼来,茅山师父降下来……"直念到"鱼姑"入睡为止。半个时辰后,"鱼姑"会坐起来,闭着眼睛拿起"船"舱里的竹竿做撑船动作,边撑边叫"有鱼卖,有鱼卖"。这时人们纷纷围着"渔船"买鱼,鱼姑便做着称鱼、送鱼的手势,由买鱼人付钱购买。游戏大约持续30分钟后,主持人便把"鱼姑"唤醒。事后人们问起,她们都不记得自己梦中做过什么。

男青年玩的是"跳蛤仔(青蛙)"。要玩"跳蛤仔",先要挑选一些容易入睡的人做"蛤仔"。游戏开始前,先在地塘或大院的东南西北四角插上点燃的神香,并在地上铺草席。游戏开始时,做"蛤仔"的人模仿"蛤仔",双手垫额伏在草席上。然后,主持人点燃神香,分发给旁观者每人一支,都在"蛤仔"头部上空不断画圈,口中念念有词:"蛤仔跳过基,跳上大塘基……"直念到"蛤仔"入睡。半个小时后,奇迹出现了:"蛤仔"们就像青蛙般不断向前跳,有的还发出咯咯声,遇到障碍物也不停止,只好由旁人出手帮他转向。两蛤相遇,相撞也不回头。游戏进行到20至30分钟时,主持人在"蛤仔"后脑勺敲打几下,并用清水洒在他们脸上,"蛤仔"便可醒来。其间,即使膝盖磨破了也不知痛,醒后根本不知道刚才发生过什么。

今天的中山人早已不玩,甚至不知道曾经有过这类游戏。老人说起,也只是当神话讲,不曾目睹者很难相信,不过,曾经亲历其境者倒是言之凿凿。若从科学角度分析,此类现象确实是有可能发生的,说到底,无非就是催眠术。主持人通过暗示,让入梦者依从他的指示行动,于是"神迹"便出现了。为什么必须挑选容易入睡的人充当"蛤仔""鱼姑"?因为只有这类人才容易进入被催眠状态。

注 释

①孭:读miē,阴平声。广东人把背小孩的背带称为"孭带"。

中国风俗图志·中山卷

大巡游（局部）

第十章 地方特产

第一节 中山杏仁饼

杏仁饼是中山的传统美食。相传清光绪年间，石岐牛角巷某大户家道中落，时值其母寿辰，正为拿什么款待亲友而发愁。他家有一婢女，名为潘雁湘，原是来自顺德县的"自梳女"。她生性聪明，掌握一手制作糕点的好手艺。为缓解主人家的焦虑情绪，她用绿豆杏仁粉包裹经糖渍制过的肥猪肉片，精心制成绿豆夹肉饼，用来招待客人。客人把饼放进嘴中，只觉甘香松化，嚼之肥而不腻，隐隐似有杏香，于是赞叹不绝。县官慕名而来，试食后也大为满意，提笔为主人写下"齿颊留香"四字。该家的绿豆饼自此闻名，其后投入小批生产以帮补家计，取名"杏仁饼"。

杏仁饼美名远播，仿制者甚众。最早于20世纪初把名号打响的是"易味庐饼家"，稍后，"咀香园饼家"异军突起。从那时起，杏仁饼这种美食长盛不衰，远销全国乃至美洲和东南亚各国。

目前，中山杏仁饼以"咀香园杏仁饼"为代表。1931年易味庐杏仁饼创始人去世后，该饼家因后继无人结业，咀香园杏仁饼从此独领风骚，1935年还在美国檀香山的国际食品展览会上夺得金鸡奖。1949年，工艺改良后的杏仁饼，不但嗅之香醇浓郁，入口酥甘溶化，饼质更见细腻，包装也更符合现代要求。1988年香港举办国际博览会，咀香园杏仁饼参与群雄角逐，再获金奖殊荣。

杏仁饼的主要成分有食用植物油、黄奶油、白砂糖、绿豆粉、杏仁等。制作过程包括：绿豆杏仁脱皮，煮熟，捣碎，炒至成颗粒，然后加工磨粉，上网筛过滤，加猪油模压烘焙成饼。

目前，该厂生产的杏仁饼已有粒粒饼、夹肉杏仁饼、黑芝麻杏仁饼、肉松夹心杏仁饼、炒米饼等多个品种。

第二节 石岐乳鸽

在中山菜系中,最具知名度的当数驰名粤港澳的"石岐乳鸽"。

家鸽源于生长在大自然的野鸽,历来为中国人所喜爱,或为信鸽,或供欣赏,并以其突出的营养价值和药膳功能,赢得"一鸽胜九鸡"的美誉。

石岐鸽的养殖历史不算长,大致百年左右。清末,远赴"金山"(中山人对美国的俗称)谋生的华侨渐多,一些告老还乡的华侨,除携带成箱的衣物回乡外,也带回不少美国特有的农产品和禽畜良种,如金山种番薯、薯仔、莱杭鸡和白羽王鸽等。

白羽王鸽原是美国的良种肉鸽,成鸽体重近两斤,与个头较小的本地品种相比,更适合食用。华侨引进它,主要是为了在家乡发展鸽子的肉食品种。然而,这种来自异国的肉鸽引进后往往水土不服,抗病能力不强。再者,这些鸽子都是万里迢迢从异国带回的,数量极为有限,几时能繁殖成鸽群?所以,引进后,一般将它和本地鸽混养,不管有意还是无意,其结果就是育出了数量众多的混种。后来鸽主们发现,那些品种不纯的后代居然保持了洋鸽的优点,而且易饲易养,抗病能力极强。意识到这一点后,他们就开始从中选种,进行定向培育,后来更将它与其他外国名种混养,最后形成全新的鸽种。这种鸽的培育地和产地都在石岐,所以人们把它称为"石岐鸽"。它的最佳食用时间一般为长到22—25天,体重约0.8斤左右时。用这种雏鸽炮制的菜色,通常称"石岐乳鸽"。

石岐鸽虽由多个鸽种混养而成,但毕竟白羽王鸽是它最重要的母系,所以体型和体态基本保持了白羽王鸽的特征,大小与王鸽相似。但石岐鸽体型稍长,平头光颈,鼻长眼细,羽色也以白为主。年产仔鸽7至9对,粗放易养,耐粗饲。肉质细嫩,有独特的丁香花味道。

石岐鸽的优异品质,很快被酒楼东主们注意到。早在1903年,澳门佛笑楼就把以石岐乳鸽为主食材的"红烧乳鸽"打造成招牌菜,"石岐乳鸽"之名,也因此传遍粤港澳。尽管红烧乳鸽这一菜式最早出自石岐酒肆,但源于小县城的这道菜能短期内名扬四海,港澳食肆的大力宣传功不可没。

石岐的大厨们在红烧乳鸽的基础上不断创新、精益求精,通过多年实践,他们总结出一整套的烹饪手法,先后开发出红烧乳鸽、脆皮乳鸽、明火烧乳鸽、油浸乳鸽、白切乳鸽、卤水鸽等多种菜式。到近年,已能以鸽为烹饪主材,做出整桌的全鸽宴。随着经济的发展,食客对菜式的要求也越来越高,时下风靡食肆的石岐乳鸽,已经改用12—14天大的乳鸽烹制,味道和口感比以前更佳,皮脆、肉滑、肉汁饱满,尤以鲜炸乳鸽最为诱人。曾有食客形容它:"色香味都好。看上去透而不焦,实而不枯;切下来是一块完整的嫩肉,放进嘴里,舌头牙齿上下颚稍一动作,肉粒已失其所在,只剩下芬芳甘美的液汁。"菜式能够做到这等境界,可以说是臻于神奇了。

第三节　黄圃腊肠

黄圃是广式腊肠的发源地。相传,清光绪十二年(1886年)某日,会灵坊卖粥小贩王洪(又名王联盛)因故剩下较多肉料,为免变质,他突发奇想,将肉料切成粒状,拌以糖酒味料,装填在从猪小肠撕下的薄衣内,吊挂于尚有余热的烧猪炉中。烘干后,发现味道和口感居然都很不错。于是如法炮制出售,一时口碑甚佳。商家见有利可图,争相仿效,经不断改善工艺,新兴的腊味加工行业渐成规模。

清末民初,腊味的制作技艺迅速扩散到整个珠三角地区。广州、佛山等著名商埠,或由黄圃人当老板,或雇请黄圃人当师傅,办起了数以百计的腊味生产作坊和销售商号。

改革开放后,腊味师傅们纷纷返回家乡当小老板。20世纪80年代初,黄圃城乡一下子涌现出150多家腊味作坊。他们沿用前人的生产方式,以手工操作方式进行肉类分割、切粒、洗脂、拌料,以漏斗装填肉料灌装到肠衣内,继而针刺打孔,草扎分段,索绳悬挂,再经热水

洗脂,拿到阳台晒晾直至下午,经"转竹"(调换腊肠的晾晒位置)后送烘房烘焙。次日"升棚"(烘房内,上下共三四层,腊肠每天上升一层直至出房,因而称为"升棚"),前后约需约三四天,便成为成品。当年,作坊一般多在凌晨开工,为的是充分利用阳光曝晒,既节省燃料,又可增强腊肠的生晒风味,一举两得。

20世纪90年代,黄圃镇政府特意为腊味行业拨出生产用地。其后20多年间,黄圃腊味先后经历了从简单的作坊到大厂房生产,乃至全自动化生产;从日晒炭焙的原始操作方式到热风管、太阳能、蒸汽烘干工艺;从靠眼观鼻闻到按标准规范进行生产的现代食品生产的整个过程。

目前,"黄圃腊味"已成黄圃镇名片,在广东乃至全国的市场销售中,稳占广式腊味的60%以上。

黄圃腊味现有品种60多个,如腊肠、腊肉、腊鸭、腊鱼、金银润、关刀肉、凤凰盏、金钱片、腊板根、腊碎肉、腊鸭舌、鸭扎包等。食法多样,蒸、炒、炆皆可,尤以"饭面蒸腊味"最佳。这是因为,把腊味放在饭面蒸熟,米饭气味可以渗到腊味中,食来香而不腻;米饭吸收腊味的肉香,让人更觉松软可口。

第四节 沙溪凉茶

沙溪凉茶的创始人黄汇出生于沙溪镇塔园村。因家境贫寒,从15岁起,就不得不自己养活自己,从事轿夫职业谋生。他从小酷爱中草药,常利用游走他乡之便,收集各地药方和中草药。

清光绪十一年(1885年),黄汇整理出一条专医感冒、劳倦伤寒的验方,正式挂牌行医。他自行采药、加工，用纸袋包装出售，包装上印有"沙溪伤寒圣茶，黄汇制造"字样，人称"黄汇凉茶"，也叫"沙溪伤寒茶"。

新中国成立后，黄汇的药店改为沙溪凉茶厂，1990年更名为"广东省中山市沙溪制药厂"，2003年更名为"广东益和堂制药有限公司"。多年来，益和堂坚持科技创新，用现代科技提取草药的有效成分，制成"沙溪凉茶颗粒""沙溪凉茶袋泡茶"出售，1993年和2006年两获中华人民共和国国内贸易部和商务部颁发的"中华老字号"称号。

沙溪凉茶主要成分有岗梅、金纽扣、蒲桃臭、屎茉莉、野颠茄等，是治疗四时感冒、发热伤寒的居家良药，一向为珠江三角洲居民和海外侨胞所欢迎。

第五节 街头风味小食

昔日中山街头，小食特别丰富，品种繁多，由一台流动小车或是一挑货郎担装着，走到哪里就摆卖到哪里。

最令人印象深刻甚至一想起就流口涎的，首推咸酸湿小食，诸如甘草梅、咸酸桃、酸木瓜、酸姜、酸荞头、酸辣椒等，虽然都用白醋泡制，但制作方法因物而异，尤其是甘草梅，用小竹签串着，咬下去酸溜溜、脆生生，食后还带有一丝甘草的余甘。

还有流动熟食，例如猪脚姜、牛杂，热腾腾的肉香掺杂几分酸辣，在摊档旁走过的路人很难抵挡得住诱惑。

只有色香味还不够，摆摊档的人另有招徕顾客的办法，例如卖甘草榄的就常在街上吆喝："甘草榄，一分钱揽两榄（一分钱两颗榄）。"有的更自备唢呐等乐器，沿街演奏，有个名

为"大乡里"的档主，能把两支唢呐同时塞进两个鼻孔，不用嘴而用鼻子吹唢呐，常逗得小朋友们一路追着听。

咸榄的通常叫法是"鸡公榄"或"飞机榄"，价格极其便宜，一般预先用纸包好。甘草榄是用甘草泡制的咸榄，有时还拌点辣椒末。为取吉祥之意，取名"和顺榄"，后来为招徕顾客，档主请人扎作一头大公鸡，自己钻进"公鸡"腹内，沿街叫卖；当时马路两旁的楼房，一般只有两三层高，楼上的人听到吆喝，见到招牌"公鸡"，从楼上扔下一两分钱，卖榄人就会准确地把榄穿过窗户掷到楼上，于是"鸡公榄"又变成"飞机榄"。

那时候，令人食欲大振的，还有流动小贩沿街叫卖的云吞面。寒冬深夜，寂静街头响起敲打木梆的"笃得"声，人们就知道，可以在门前买到热腾腾的云吞面了，用中山人的说法，那就叫吃"笃得"。

更讲究的，还可以进店吃"竹升面"。

本来，南北面食的最大区别，就是广式面条通常在面粉里掺碱水，北方面食则不用。所以广式面条色泽金黄，咬起来有弹性；北方面条则颜色纯白、柔软。

竹升面的特点是它的制作方法。过去，石岐河边街一带就有这样的点档现制现卖。它的最大卖点，就是骑在打面工人胯下那条"竹升"。制面工人先把面粉、适量的鸡蛋或鸭蛋加水和好，渗入碱水，调成淡黄色的面团。如果面团太湿，还要再加面粉，这叫"插生"。接着把和好的面团用手不断摩擦、搓压，这叫"扣面"，目的是增加面粉的柔韧度，并让碱水逐渐挥发，食客入口时不带碱味（有时做好的面条还要放置一整天，目的也是消除碱味）。这时就可以用竹升压面（中山人称之为"屹面"）了。

所谓压面，就是把面团摊放在靠墙的木案上，然后将一根长达一丈以上的茅竹（中山人称之为竹升），一头用从上悬挂而下的很有弹性的绳索固定，另一头则远远地伸出木案以外，制面工人骑在竹升上，一上一下地弹跳，让竹升不停地碾压面团，压薄了，折叠再压，经过20—30分钟后，面团就变得薄如纸，可以切成面条；碾得更薄的，就是用来包云吞的云吞皮。

竹升面的优点，是柔韧、爽滑。尤其是用这种云吞皮包的云吞，皮薄如纸，熟透时半透明，但却不易破。

如果说，竹升面的制作是重体力劳动，体现的是男性的粗犷；那么，另一种小食糖水菱角的制作，则讲究手的灵巧，体现的是女性的细腻。

　　过去，中山的糖水摊除红豆沙（绿豆沙）、芝麻糊、杏仁露三大主食外，还有糖水菱角。糖水菱角是在食店现煮现卖的。负责制作的店员，用一双筷子，不断地把盆子里的糊状生粉，一夹一放地甩到滚烫的糖水锅里，煮熟的粉，看起来就像是一个个剥了皮的菱角，俗称"菱角仔"。这种泡在糖水里的菱角，吃起来又爽又滑，口感好极了。

岁晚趁墟图（局部）

第十一章 墟市风情

中山人素有逛墟的习惯，那既是生活需要，也是一种乐趣。

香山县是在南宋绍兴二十二年（1152年）立县的。随着经济发展，制盐、布帛、禽畜、蔗果菜、制革、水产（如咸鱼、虾酱）、饮食、打铜打铁等行业日渐兴旺，于是，在居民集中的地方，墟市率先出现。

"市"和"墟"的区别，就在于"市"由商铺构成，常年营业；"墟"却只有临时摊档，每旬按规定时间开墟。一般每旬三墟，或农历一四七，或二五八，或三六九。据《香山县志》，居民最初是到城西迎恩街"趁墟"的，其后那一带商业日渐繁荣，居民纷纷把前座改为商铺，这就是著名的"十八间"的前身，后来演化为孙文西路。为不影响"十八间"做生意，官府决定把墟迁到"东附郭"，也就是后来的沙岗墟，墟期仍依旧例定于每旬的三、六、九日。"沙岗墟"正式成为墟市的名称，已经是乾隆年间的事情，此时距明代开墟已经200多年了。

岁晚趁墟图（局部）

第一节 热闹的"年晚墟"

所谓"年晚"，指的是农历十二月廿六日。

沙岗墟墟期为逢农历"三、六、九"的日子，每个月共9天。其中最旺的，当数农历十二月廿六日的"年晚墟"。中国人重视过年，无论日子过得多么艰难，总希望一家人高高兴兴地团聚。因此，过年前给阖家老少剪布添衣，准备祭祖、酬神用的金银、冥镪，现买或请在圩中设摊"挥春"的摊主代写春联，以及张贴在前门门楣的红笺，贴在后门门楣的"好事后来"（华侨家多贴"金山顺利"）等，都是少不得的。此外，还得备足红糖、糯米粉，乃至芝麻、花生等，以备蒸年糕、炸煎堆。以上材料，通常都得在大年廿六前买好。至于过年祭祖、酬神用的鸡、鸭、猪肉之类，为求新鲜，通常会留待年廿九墟再买，说是祭祖、酬神，其实也是为了打打"牙祭"，慰劳自己一番。

担挑农副产品上城销售的农民，本身也是消费者。他们希望趁着年晚，把自家生产的应节产品投放市场，然后买回过年的必需品。和城里的人一样，他们也要过年。大年过得是否滋润，就看产品的销量和价格了。

当代读者可能不明白,怎么年廿九墟的热闹程度反而比不上年廿六墟?为求新鲜,鸡、鸭、蔬、果等鲜货,确实是留待年廿九买的,但除此以外,对一般家庭而言,年货在年廿六已基本买齐,年廿九"趁墟"只属补漏。因此,年廿九墟通常只摆半天,中午时分,无论是顾客,还是档主,都得急急地往回赶。赶什么?赶着回家过"除夕"!因此,石岐人对年廿九墟有一个相当形象的比喻,那就是"饭滚墟",意思是水刚烧开,饭跟着就煮熟了。

只要遇上清明、端午、中秋等民间大节令,沙岗墟总会出现购销两旺的景象,但随之而来的两三个墟日,墟场里的生意就会特别清淡,那就叫"一节淡三墟"。

沙岗墟不是为过年过节专设的,它的功能主要是为农副产品提供交流、销售的场所。因此,即使在平日,通常也是人山人海,热闹非常。

经数百年演变,到20世纪30年代至40年代,沙岗墟已经发展得相当成熟,重要标志之一就是专业街的出现。这些专业街多为农民而设,仅榕树头以东,就有卖鸭街、猫儿狗仔巷、猪仔街、猪糠厂、蓑衣街、染布巷;榕树头以西,还有板坊街、锣木厂。

随着沙岗墟的繁荣,商家们瞄准这里顾客流量大的商机,或租或买,把墟场太平路两旁住宅的前厅,清一色改成店铺,销售对象不仅是市民,也针对性地面向"趁墟"的农户。几乎所有门类的店铺都在这里开设,粗粗一算,就有布匹店、山货店、杂货店、秤店、玻璃镜画店、百货店、茶楼饮食店等,可谓应有尽有。

岁晚趁墟图（局部）

第二节 墟市众生相

墟市不仅是摆卖农副产品的集中地，更是社会的大舞台，年复一年地上演人生的悲喜剧，每个到墟市设摊的摆卖者和趁墟的市民，都在不知不觉中担当其中的某一角色。

那位挑着香蕉上市的老伯，当别人称赞他的香蕉又大又香，他脸上堆满笑容连赞对方有眼光时，说不定心里却在隐隐作痛：丰收价贱，细算算，连成本也收不回来；那位手挽竹篮卖鸡蛋的少妇，说不定还得等卖了鸡蛋，才有钱给患病的儿子抓药……

自然也有喜气盈盈的，摆卖猪苗（小猪）的老妇乐呵呵地说："卖了这窝猪苗，娶'心抱'（媳妇）的钱大概就已凑够了。"正在旁边买猪糠的大婶乘兴搭嘴："是呀，今年年时好，双春兼闰月，过了中秋节，我家闺女也要出嫁了！"

日子过得像流水，流走的是时光，流不走的是前仆后继一拨又一拨趁墟的人。

其实，在墟场里摆卖的不光有农副产品，还有世代相传的民间技艺。

每逢三六九墟期，沙岗墟就是江湖卖艺人的出彩机会。他们早早地在墟场占据一角地盘，敲响了锣，待到围拢过来的观众差不多了，一番吆喝过后，卖艺卖药立刻开始，招惹得那

些趁墟的人忍不住围拢过来看。

无论卖艺的还是卖药的,石岐人通称他们为"卖武佬"。他们有的从外地一个码头一个码头地跨州过府远道而来,也有的长期定居本地。他们通常都有个响亮的绰号,有孤身独闯的,也有师傅徒弟一大帮的,主要是推销他们"独家秘制"的膏丹丸散,从跌打药、蛇药、风湿药、止咳药直至壮阳药。开档时,他们会先用飞铊荡几圈,将观众稍稍逼开,以腾出较大的场地,然后就来一轮单人舞刀弄棒或是双人对拆,乃至骑独轮车、胸口碎大石。观众喝彩声刚落地,他们马上就拿出药来,说是赠药,其实是掏观众的腰包。一轮药不能卖得太久,于是又开始新一轮表演,或者插科打诨,讲有味笑话。这样的摊档,通常每墟总有数档之多,耍拳棍的、变魔术的、耍猴的、弄蛇的,看得人目不暇接,几乎忘了自己原为趁墟而来。

至于作为沙岗墟标志的大榕树一带,通常就叫作"榕树头",成为石岐人口中的沙岗墟的别称。由于树头周围垒起了近一米高的土,旁边还砌了石头,形成一个居高临下的小舞台,自然而然成为演唱粤曲的卖艺人麇集之地。趁墟的大都是升斗小民,大的赏银没有,一分两分钱却还是掏得出的,这就够卖艺者勉强维持生活了。

墟场里,不时还可见到设摊占卦算命的职业迷信者。他们之间互不相属,却共同编织了一张虽不严密但覆盖面甚广的网,举凡生老病死、婚姻、晋升、求财、兴工动土、祛病消灾全都囊括在内,他们对自己所贩卖的其实也不是很相信,一旦离开所饰演的角色,就还原为比俗人更势利更贪婪的人。

岁晚趁墟图（局部）

第三节 除夕花市

中山人通常把花市称作"花街"。作为习俗，中山人把除夕晚到花市"趁热闹"称为"逛花街"。除夕夜逛花街，与其说买花，还不如说趁热闹。但既要应节，花总是要买的，成千上万家庭，集中在除夕夜的几个小时内涌到花街，场面不可谓不壮观。

中山的传统年宵花市，基本上还在沙岗墟一带，摆卖时间则紧挨年廿六的年晚墟。

"逛花街"是著名的岭南民俗，老少咸宜，倾城出动，花市为求收到更好的经济效益，当然尽可能朝灯火辉煌的闹市靠拢。过去的中山花市，从太平路与孙文西路的交汇处开始，向东延伸至榕树头一带，越靠近孙文西路越热闹。殷实的花农，一般会提前投得这些地段的马路两旁摊位，排出气势不凡的大型花档，一到晚上，他们通常会在摊位挂出几盏充气煤油灯，俗称"大光灯"，那是一种比白炽电灯还要明亮的灯，一经挂上，花档立刻明亮得如同白昼，鲜花也就显得特别艳丽、妩媚。大约从20世纪50年代开始，大光灯让位于高瓦数的电灯或众多的日光灯，不如大光灯明亮，但光线比较柔和，让人平添一丝暖意。

往日过年时的花多有各自的产地,黄的、白的、紫的菊花、芍药,橙黄的万寿菊,鲜红的鸡冠花,还有末端长着尖尖小绒球的银柳,此外,还有金盏银盘、雅号"凌波仙子"的水仙,那是特地从福建漳州运来的。喜欢水仙的人,通常提前购买晒得干干的水仙头,回家用水养着,放在盛了卵石的盆子里,等它慢慢发芽,然后把水仙头小心用刀割开,让它长成各种特殊造型,那就叫"龙爪"。

草本花档以东,通常摆卖木本花卉,包括吊钟、年橘、蜡梅、绯桃等。吊钟花生于人迹罕至的山谷野涧,立秋后叶子落尽,腊尽春回时齐刷刷地长出许多小花蕾,绽开后,就是簇簇粉红色或白色、宛若玻璃般剔透的小铃铛,品种较优的,一个花萼能长出近十个小铃铛,风吹过,满树铃铛不住晃动,仿佛可听到天外之音。中山人把那些从山上砍下的吊钟花视作"摇钱树",商号和比较富裕的家庭,一般总要提前或在除夕当晚捧一株吊钟回家,用大花瓶盛满清水,供养在客厅或铺面的显著位置。

年橘也属中山人的至爱,"大橘(桔)"谐音"大吉",谁不想捧个"大吉大利"回家呢!

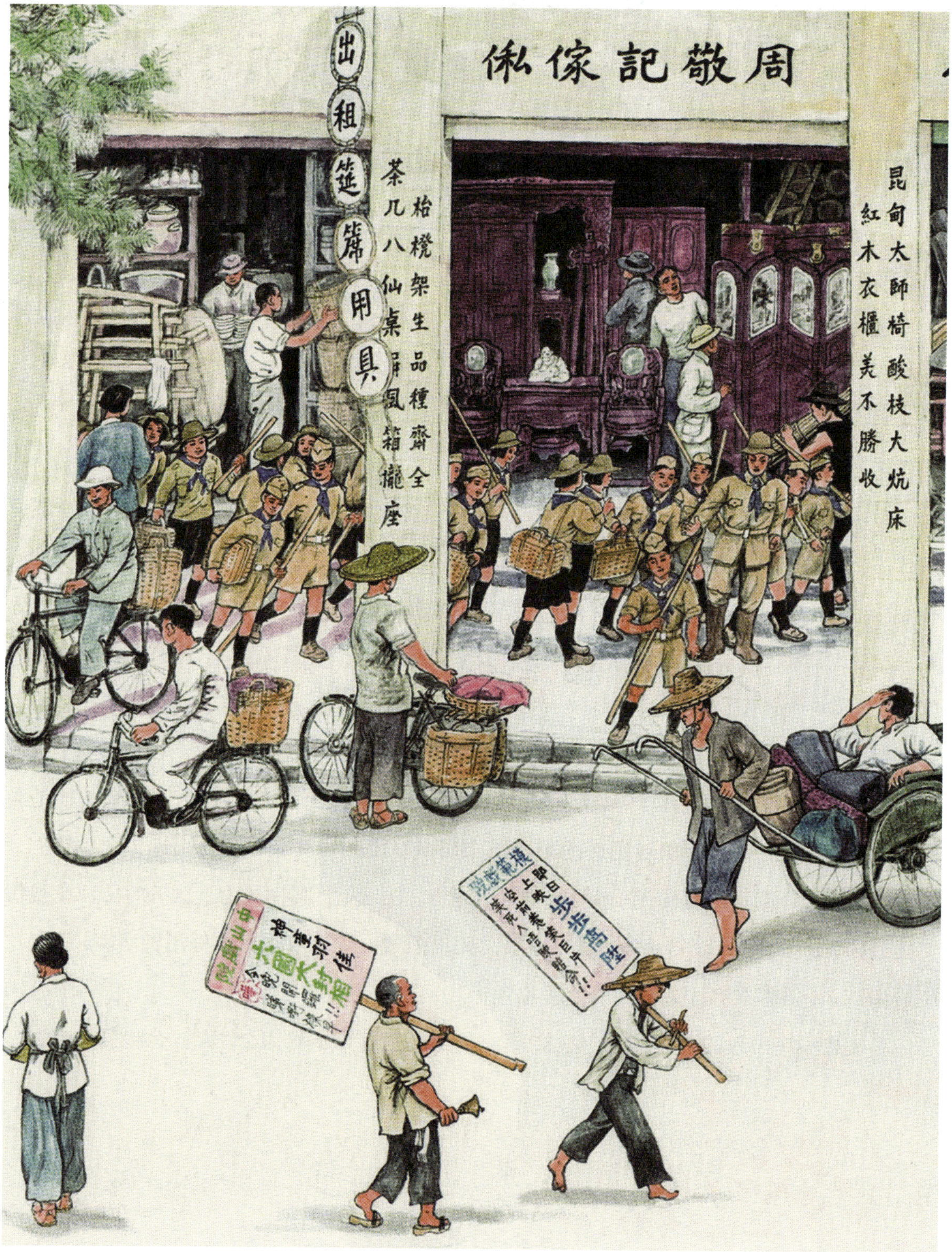

岁晚趁墟图（局部）

第十二章 轻财厚义中山人

明嘉靖三十二年（1553年），葡萄牙人以"舟触风涛缝裂，水湿货物，愿借地晾晒"为借口，登陆由香山县管辖的澳门，在征得中国政府同意后实行租借。自此，直到鸦片战争爆发，澳门一直是中国唯一的外贸通商口岸和中西文化交流的窗口。1841年鸦片战争时，香山是前哨战的发生地。鸦片战争失利后，清政府把香港割让给英国。为了谋生，香港又成了中山人首选的旅居地之一，并通过这个渠道走向世界，"凡与海水相连处，皆有中山人的足迹"。

毗邻港澳的地域优势，使得中山人（含珠海）有可能最早接触西方文明，当与中华传统文化融汇并付诸实践时，便迸发出那个年代最耀眼的光芒。郑观应撰写的《盛世危言》，成了戊戌变法的理论先导；孙中山在檀香山创立兴中会，后来成为辛亥革命的领导者；容闳率领幼童赴美留学，首批出国的30名幼童中，中山幼童竟占了13名！

从清末到民国初年，中国的几乎每一个领域，都涌现出一批来自中山的"先行者"。例如：主持开平煤矿（开滦煤矿）并修建中国第一条铁路的唐廷枢，清华大学第一任校长唐国安，国立北京艺术专科学校（今中央美术学院）第一任校长郑锦，上海音乐学院的创办人萧友梅，上海"四大百货公司"的创办人马应彪、郭乐、李敏舟、蔡昌，粤乐大师吕文成，中国"空军之父"杨仙逸，中国第一位女飞行员朱慕菲……他们以自身的模范行为和卓越成就，为家乡后辈做出榜样，近代中山人"敢为天下先"、先公后私、轻财厚义的群体性格自此形成。1989年11月12日，首届"世界中山各中学同学恳亲大会"在中山的召开，更把这一优良传统推上新的高度。

第一节 轻财厚义中山人

中山是国内的著名侨乡,居住在海外和港澳地区的中山人,历来对家乡十分关心,这里以历史最悠久的香港中山侨商会为例。

1946年,香港侨商会出版庆祝抗日战争胜利特刊。原籍中山并在1926年当过中山县长的老兴中会会员许翥撰文指出,中山邑民,素有"轻财厚义"的传统。

事实确是如此。中山侨商会虽以"侨商"为名,但实非纯以商界为对象,而是囊括商业、政界、文化界、工界等,凡有正当职业的乡亲均可参加。曾任民国政府行政院长的孙中山长子孙科是该会的名誉会员,四大百货公司永安、先施、大新、新新的创办人,如郭泉、郭剑英、蔡兴、蔡昌,乃至民国元老古卓仑等,均为出钱出力的前后任主席。

自成立之年起,侨商会即把"襄办善举,维持公益"确立为主要会务。1937年七七事变后,同年12月,日军为建立侵占华南的桥头堡,攻占中山三灶岛。仅此一役,惨遭屠杀的中山人即达7000人。1938年10月广州失陷后,从三灶起飞的日机,对中山县城石岐实施狂轰滥炸,虽被中山军民一度击退,但中山已成敌后孤岛。在此惨烈的形势下,侨商会深感必须与分散各地的海外侨胞广泛团结,"速谋救济"。经协商,决定在香港成立海外同乡济难总会,与中山侨商会合署办公。

海外同乡济难总会成立后,包括香港在内的海外乡亲立刻行动。当时英日关系尚未破裂,因而可以利用香港,"密助我邑守土政府之饷械","供给士兵之药物和用品","运送防御工事之水泥钢铁","更复组织募捐小组委员会,向美国红十字会筹得麦米约四百吨,回邑施济"。

1940年3月中山沦陷后,侨商会救助乡亲的方式不得不有所改变,即从支援抗战改为接济难民。他们采取"分区散赈"方式,"始而计日授粮,继而按户助款"。鉴于大批难民已逃难到澳门,济难总会特"于澳门资助收容所十多处,收容数万之流亡邑众。供给食粮。办理半年有奇,然后次第结束"。

当时，旅居香港的中山人约有6万人。以区区6万之数，加上旅外乡亲，要承担如此之重的"济难"义务，实属不易，所以《济难总会报告书》的撰稿人慨叹地说："我邑之惨祸既以此时为最甚，而本会工作亦以此时为最苦。"

1941年12月，香港沦陷。香港民众顿处水深火热之中。然而，侨商会对家乡的关注依然未减。家道殷实的会员和暂未被战火波及的海外侨胞，仍在力所能及的范围内，救济香港和邑内的乡亲。《济难总会报告书》指出：

> 至于本港侨胞，备受日人之残暴而受黑市勾当（即以米价而论，每斤竟高至一百余元。其余物价，无一不比平时涨致千倍或数百倍者。查邑中米价，每担亦高达壹十万元，数量惊人，亘古未有），生活困难。当不可以一朝居也。以是港中邑侨归乡日众。本会资助贫侨旅费，为数不赀，计共资助回邑者不下万余人。同时香港中山侨商会，兼办施棺施粮，以尽养生送死之责。

1945年8月，日本宣布无条件投降，中山侨商会和海外同乡济难总会会员在欣喜之余，清醒地意识到，"然而国难虽除，河山依旧，环顾邑境，满目疮痍。虎口余生，亟须善后"。为此，他们立即行动，"一面发动邑侨献金，用以劳恤荣誉抗战之家属，一面应用冻结本会之存款（查日军入境曾被冻结本会之银行存款）救济邑中罹难之贫民"。

海外华侨和港澳同胞对家乡的全力支持，收到了良好效果。1948年11月，广东省政府按政治、生产、财政、教育等方面的施政标准，经省务会议通过，定中山县为全省的示范县。

改革开放以后，海外侨胞、港澳同胞的爱国爱乡热情空前高涨，他们积极支持和参与家乡建设，捐建的公益项目涉及教育、卫生、体育、基础设施等多个领域，包括桥梁、道路、医院、中小学校、幼儿园、敬老院等。他们还以侨为"桥"，千方百计为家乡建设引进资金、设备、人才和项目，以及现代管理理念。旅日华侨吴桂显为在家乡兴办史上的第一所高等院校，不惜卖掉自己东京银座的产业，独资建成中山大学孙文学院的教学大楼、实验大楼和图书馆。吴桂显的义举感动了不少海内外的中山人，随之而来的投资、捐赠大潮，撑起了改革开放初期中山的半壁江山。

生活在家乡的中山人，对家乡的公益事业更是不甘后人。1955年，石岐工人利用周六周日进行义务劳动，在市中心的孙文西路修建起中山史上的第一座拥有舞厅、剧场、乒乓球室、图书室、灯光球场、文娱室等设施，集文化、娱乐、体育于一体的工人文化宫。其后的工作人员也多由工人和工人子弟义务担任；1959年，全市职工、干部、居民响应政府号召，以义

务劳动方式，在市郊员峰村和大墩村的交界处，开挖出一个面积达300亩的人工湖，这就是现在被誉为"市肺"的逸仙湖公园。

第二节 慈善万人行

始创于1989年初的"慈善万人行"，可说是群众首创精神的大胆尝试。

1987年冬，中山市文化部门组织春节群众文化活动时，改革开放之风已把南粤大地吹得温煦如春。他们由此想起福利院里鳏寡孤独的老人，不知老人们生活过得怎样，身上的衣服暖不暖和。走访颐老院后，他们决定发起"敬老万人行"，以沿途募捐的方式，为老人筹集善款，改善老人们的物质生活条件。

作为移风易俗的新生事物，"万人行"的旗号一经打出，马上引起市内外的广泛关注。群众艺术馆电话络绎不绝，都是拨来了解活动详情和参与办法的。当时，难以预估规模能办到多大，市文化部门也掏不出那么多钱来刊登广告，只给粤港澳媒体各打了一通电话，幸好他们都依时赶来。1988年农历正月初七"人日"晚，"万人行"队伍沿孙文西路出发，沿途加入的群众越来越多，短短的一程路，现场就筹得7万多元，后来都经民政局转给福利院。

比起日后"万人行"动辄筹款数千万元，区区7万多元实在不算什么。但当时的媒体，却如同发现了崭新的世界，纷纷在第二天的显著版面上予以报道，《广州青年报》更在头版刊登大篇文章，把"万人行"誉为"构建社会主义精神文明的新契机"。

1988年9月，中山市红十字会成立，新成立的慈善机构需要宣传和活动的平台，经市委、市政府协调，决定把"万人行"移交红十字会举办。根据红十字会的性质与工作范围，活动主题由"敬老"扩大为"扶危济困",后来更进一步深化为"救死扶伤,扶贫解困,敬老助残,弘扬人道、博爱的传统精神"。从1989年起,正式命名为"中山市慈善万人行"。

尽管活动移交给红十字会,文化人仍然没有忘记活动举办的初衷和自己的道义责任。1989年"人日"举办"慈善万人行"时,站在石岐西区(当时还称为西郊)行人天桥指挥台上的各路指挥中,除了市领导人和必不可少的卫生、交通、邮电、公安等部门的负责人外,清一色都是文化人。其后的20多年,情况也大致如此。

文化人尽情为"万人行"发挥自己的艺术才华与组织才能。诗人、作曲家连夜撰写主题歌,美术家连夜设计徽号,集邮协会送来"万人行纪念封",舞蹈家冒着寒风冷雨在露天广场上排演,摄影家穿街过户,忠实地记录下一个又一个振奋人心、催人泪下的镜头;民营企业家连夜赶制,派人专程送来小旗、小伞等义卖纪念品,供志愿工作者义卖;社区义演、医生义诊、志愿者义修、企业家与市民踊跃认捐。不仅中心城区,全市24个镇区也都广泛开展镇区级的"慈善万人行"……

来自湖北省的民俗学家乌丙安赞叹说:"中山市的慈善万人行,已经发展为'新民俗'了。"中国红十字总会副会长孙柏秋从北京专程赶到中山,给"万人行"以极高的评价:

> 中山慈善万人行是中山人民进行精神文明建设,开展社会公益活动的创举。……不仅展示了中山人的精神面貌与物质文明建设同步发展的可喜成就,更展示了中华民族传统的高尚美德和博爱、慈善的社会风尚。

若从1988年算起,"万人行"迄今已举办了30届。尽管为了顾及群众春节期间安排生活和出行的方便,起步时间从"人日"改为正月十五元宵节,活动的总指挥和各路指挥的名单换了一批又一批,活动的规模却在不断扩大。以2018年"慈善万人行"为例。该届万人行全市(含镇区)共筹得善款逾亿元(其中市红十字会筹得近1000万元)。30年来,市、镇两级红十字会使用这些捐款,帮助了大批急需扶助的困难户,建成了一批社会公益福利项目,还拨出大量的款物,支援全国各地灾区。

后 记

中山市地处我国的南部边陲，宋元以前，原是珠江口外的孤屿，目前则位于珠江三角洲腹地。它所拥有的地缘优势，使得它成为我国历史上历次大移民的终点，从而形成了不少相对独立的各姓族群的聚居点，即以说广府话、闽南话、客家话以及水上话为主的各个乡镇，亦即"方言岛"。这些"方言岛"，在顽强保留原居地习俗的同时，经过交流与相互渗透，也把周边地区的习俗引进到本族群中来。这就使得中山地区的民间风俗格外丰富，异彩纷呈。另一方面，中山地处南海前缘，毗邻港澳，大约从400多年前起，就开始了接受西方思想文化影响的进程，西方的科技文化，最早就是经由此处传入中国内地的。鸦片战争以后，"西学东渐"的影响尤其明显，这正是中山最早成为辛亥革命策源地的原因。以上种种，都在民风民俗中有所反映。

我们两人都是民间风俗的资深爱好者，都有着超过20年的搜集、挖掘、整理地方民俗资料的经历。邓振铃重在以民俗画的形式，重现百年以来中山民间风俗的演变，刘居上则重在用文字记录民俗的沿袭与变异，在查阅大量典籍，走访耆老和非物质文化遗产传承人，记录自己的亲见亲闻，拥有充分的原始资料的基础上，两人很早便建立了合作关系，并且各自创作和出版了多本反映上述内容的画册与文字专著，因而这一次在编写《中国风俗图志·中山卷》一书中的图文合作，可以说是顺理成章的。

感谢泰山出版社为我们提供这次合作机会，让我们有可能在原有基础上，对中山地区的民间风俗进行一次系统性的综合整理。中山市并非孤独的存在，它与它所邻近的整个珠江三角洲地区有着大抵相同的经历，因此中山的民间风俗，可以在一定程度上代表包括广州在内的珠江三角洲地区。与此同时，我们还要指出，俗话说"百里不同风，千里不同俗"，即使是相邻的村落，哪怕只是分隔着一座山、一条河，甚或只是一条小路，彼此的语言和习俗都会有些微的差别。正是这种多样性的存在，给我们的民俗研究增添了无穷乐趣，也正因为这些差别的存在，作为民间风俗的整理者和记录人，我们只好忽略其中过于烦琐的细节，重点记录和描写它们大抵相同的主流部分。至于那些只是流传于个别地区甚或某个村落的独特习俗，则往往成为图文记录中的亮点，追寻和剖析其所以独特的形成和沿袭的原因，往往能给人以启迪,甚至解开某些历史的谜团。这也恰好说明了民间习俗并非只是无关痛痒的生活细节,而是具有其不可替代的历史价值的。

民俗的整理和研究,是一项繁重的系统性工作,需要更多的专家和爱好者世代不懈地予以挖掘和深化。我们所能做到的,仅仅只是阶段性的总结,随着时间的推移,包括民间风俗在内的地域文化,今后还会发生很大变化,希望有更多的专家和爱好者加入整理和研究者的队伍,并对我们编写的图文的不足和谬误之处给予指正,提出宝贵的意见。

刘居上、邓振铃
二〇一九年岁末

作者简介

邓振铃 广东中山人，1939年9月生，自幼随父习画。1956年在家乡影剧院任美工。1959年参军任师文化干事达8年，积极组织并参加部队美术创作，作品多次在各省、军区报刊发表。1975年复员到河南开封市，曾任朱仙镇木版年画社编辑部主任、古版研究室主任、副社长等职。1989年调回中山市工作，致力于收集、整理、创作中山民俗风情画，出版、发表多幅画作，作品被中山市博物馆、中山故居博物馆收藏。

刘居上 祖籍广东梅县，1941年6月在澳门出生。原中山市作家协会主席，退休后定居澳门。已出版《中山通俗文化史》《香山婚俗》《民间瑰宝》《先行者之歌》《我心中的地平线》等文艺及文史类著作37种。